SIN CUENTA EXPERIENCIAS TERAPÉUTICAS

2ª. edición

AUTOR:

LIC. PSIC. JUAN CARLOS MARTÍNEZ BERNAL

Sin Cuenta Experiencias Terapéuticas.
2ª. edición
México, febrero de 2020.
Editorial Independiente.
Distribución: Amazon.
https://www.bernal27.blogspot.com
www.facebook.com/bernal27
bernal27000@hotmail.com

CONTENIDO

ÍNDICE

7.-REFERENCIAS DE LOS TEXTOS
En Libros y en Internet, por capítulos.

8.- OPINIONES DE COLEGAS

9.- AGRADECIMIENTOS

10.-ACERCA DEL AUTOR.

PRÓLOGO A LA SEGUNDA EDICIÓN

Después de haber escrito 11 libros y haber corregido uno de ellos en su segunda edición, ha llegado el momento de mejorar este libro, el que aún considero el más importante, porque aquí condenso mis más representativas experiencias terapéuticas.

En esta Segunda Edición, que llega seis meses después de la primera, agregué un subcapítulo llamado «Lenguaje Corporal y algo más en Constelaciones Familiares», algo en lo que muy pocos han profundizado. También, adicioné 25 nuevos casos terapéuticos, provenientes de lo que he experimentado en los últimos 4 meses del año 2019.

Otras novedades es que los Capítulos del Contenidoíndice están vinculados con el contenido del libro a través de enlaces (hipervínculos). Además, coloqué más de 25 imágenes que enriquecen lo visual de esta obra.

Manzanillo, Colima, México, febrero de 2020

INTRODUCCIÓN

Titulé este libro como "Sin Cuenta Experiencias Terapéuticas", porque en realidad contiene más de 150 experiencias escritas, y miles (literal) vividas en casos facilitados individualmente y en sesiones grupales, psicológicas y terapéuticas, además de algunos aprendizajes en donde yo fui el consultante.

En este libro señalo y describo lo que hago, cómo lo hago, y en qué me fundamento. Encontrarás algunas ideas y experiencias que no se te habían ocurrido, o que simplemente no están en ningún otro libro. Algunos conceptos ya los conoces y manejas, o tal vez no como aquí se sugiere.

Haciendo un recuento de mi historial, principalmente me he caracterizado por atender adultos, más hombres que mujeres. Los principales temas tratados han sido los siguientes: traumas psicológicos (por torturas, violaciones, asesinatos, narcotráfico, etc.), intervenciones en crisis (ideaciones e intentos suicidas, duelos, depresiones, etc.), farmacodependencia, relación de pareja, violencia de género, manejo de emociones y de estrés, etcétera.

Egresé de la Facultad de Psicología en 1998, y desde entonces he experimentado algunas capacitaciones en posgrado (2005-2008) y actualizaciones (hasta la fecha actual) en libros, videos y cursos-talleres diversos. Sin embargo, nada se compara con las experiencias psicológicas y terapéuticas afrontadas con las personas que se acercan con una esperanza, con un conflicto, con una necesidad, con un trauma, con un duelo, con un intento suicida reciente, con una depresión que los apaga, o con un abuso sexual que les taladra la calma.

Mis campos de atención han sido principalmente 5:

1.-Una cárcel. Durante 17 años he laborado en un Centro de Reinserción Social, en Manzanillo, Colima, México. Considero que tres de los más difíciles lugares para practicar la Psicología y la Psicoterapia son las cárceles, los hospitales civiles y los pabellones psiquiátricos.

2.-Mi hogar. De vez en cuando, cuando estoy fuera de mi trabajo Institucional, atiendo personas que me lo solicitan. Algunos de estos casos los elegí para compartirlos aquí.

También, mi familia ha sido, aparte de mí mismo, otro laboratorio inmediato donde he ensayado y aplicado mis conocimientos y prácticas. Detallo esto en el libro.

3.-Yo mismo. Sí, suelo trabajar en principio conmigo mismo, como conejillo de Indias, aplicándome las mismas técnicas que después facilito a los demás. Y también me han sido útiles las terapias breves y largas que me han facilitado terapeutas como Jaime Iribe, Claudia Yáñez (Claudia Sat Nam), Ruth Díaz, Cristina Tena (q.e.p.d.), entre otros y otras.

4.-Instituciones educativas. Durante algunos años fungí como docente en varios Colegios y una Universidad privados. Aquí valoré la necesidad de incluir el aspecto pedagógico en mi estilo de facilitar terapia.

5.-Comunidades rurales y urbanas. Varios años estuve acudiendo a estas, con el propósito de brindar servicio altruista de terapia, junto con personas que otorgaban otro tipo de servicios altruistas.

Muchos de los textos seleccionados provienen de mi Blog personal https://bernal27.blogspot.com , donde escribo diversas colaboraciones desde el año 2010, eligiendo lo más relevante.

Hay variedad de temáticas en las siguientes páginas, porque así es la pluralidad de mi estilo. No me he casado ni divorciado de ningún enfoque. he ido integrando elementos de los enfoques y técnicas de Gestalt, EMDR, EFT, Terapias de Energía, Cognitivo-conductual, PNL, Violencia de Género, Farmacodependencia, etcétera.

Para empezar a leer este libro, puedes empezar desde cualquier punto, incluso, abogando por algo que aquí sugiero. Entonces, puedes abrir al azar este libro y comenzar tu travesía a través de mi espejo. O puedes empezar a leerlo linealmente. Tú tienes la última palabra y la última experiencia.

Manzanillo, Colima, México, agosto de 2019

1.-EXPLORACIONES, DESANUDANDO TEJIDOS Y QUEJIDOS

1.1. LAS OTRAS SILLAS

Además de las ya conocidas 'silla vacía' y 'silla caliente' de la Terapia Gestalt, en algunas sesiones individuales o grupales he usado las siguientes:

LA SILLA PEQUEÑA EMPUJADA.
Prefiero hacerlo en una sesión grupal, ante personas violentadas en su hogar, voy narrando detalles generales de lo que sucedió cuando éramos niños, hasta llegar a la parte culminante donde hablo de la violencia recibida cuando fuimos niños, es en ese

momento cuando con la mano empujo bruscamente la silla (de tamaño pequeño o infantil), continúo con la narración hasta cerrarla, y antes de esto claro que tuve que observar las reacciones de los miembros del grupo: Ya en la retroalimentación, algunos mencionan que sintieron coraje porque se acordaron de una situación que especifican; otros expresan haber sentido miedo, profundizan de qué; otros han dicho que se acordaron cuando su padre les pegó; y así cada participante se engancha con esta sillita empujada violentamente.

*EL NIÑO INTERIOR HABLA EN LA SILLA PEQUEÑA.

Sentado en la silla pequeña, la persona hablará como si fuera él siendo niño, mencionará lo que le haga figura, el facilitador lo irá guiando con preguntas, para indagar la edad, y algún evento que le ocasione trauma o malestar emocional, en muchas ocasiones funciona mejor cuando habla en presente y en primera persona. Finalmente, que lo resignifique e integre con su personalidad adulta.

*LA SILLA ACERCADA.

Ha habido ocasiones en que la silla vacía se asocia con un ser querido fallecido, un enemigo, víctima, perpetrador, familiar, pareja, etcétera. Y a veces, una de las estrategias que uso es acercar la silla que normalmente está enfrente del consultante. Este acercamiento puede ser gradual o hasta confrontativo al estar muy cerca de él, según considere la pertinencia. En otros momentos, el acercar la silla acelera su remoción de su energía emocional.

*LA SILLA DEL SABIO Y LA SILLA SISTÉMICA.

Es la metasilla o silla del sabio, la silla en tercera posición según la PNL. En esta silla se observa desde afuera a los de las dos sillas, se es testigo de lo que se dijeron, cómo lo dijeron y sus actitudes. El actuar del sabio puede ser describir solamente lo que vio, o hasta aportar su sabiduría interpretando lo que vio.

Como opción, se pudiera incorporar una cuarta silla, para asumir la cuarta posición de R. Dilts, en donde se tendría una visión sistémica, global, desde todos los ángulos.

*LAS SILLAS DEL ÁRBOL GENEALÓGICO.

He tenido oportunidad en varios momentos de sesiones individuales, de agregar sillas que representen miembros de la genealogía del consultante, siendo a veces un padre, madre, abuelo, abuela, bisabuelo, en ocasiones para que tome fuerza, otras veces para representar su linaje masculino y la repetición de patrones, además de que dialogue con alguno de ellos.

*LAS SILLAS EN LA TERAPIA DE IMPACTO.

Danie Beaulieu, en su libro "Técnicas de Impacto para Terapeutas", dedica un capítulo especial para el uso de sillas en la terapia de Impacto. Ahí comenta que las sillas pueden ser usadas para trabajar terapéuticamente las diferentes partes del ser, por ejemplo, las mencionadas en el Análisis Transaccional (Niño, Padre y Adulto, así como sus variantes), para aclarar la toma de una decisión (silla del sí, silla del no, silla neutral), resolver conflictos de roles, polaridad realidad-imaginación, y tomando en cuenta aspectos entre sillas como tamaños, distancias, anclajes en estas, hasta movimientos y diálogos.

Menciona: "A veces, la proyección es más exitosa cuando el terapeuta agrega un objeto a la silla vacía. Por ejemplo, una botella de cerveza podría ser colocada en una silla para representar el padre alcohólico o un libro colocado en una silla podría representar la madre intelectual. El nombre de una persona escrito en una hoja de papel pegada en la parte posterior de una silla también puede evocar esa persona".

1.2.- ¿CRUZAR O NO LAS MANOS Y LOS PIES?

Con los años, he venido redescubriendo que el cruzar los pies o las manos, o estimularse bilateralmente, nos integra cerebralmente, aunque al mismo tiempo nos cierra al exterior. Me estoy acordando de una persona que me decía: "una noche vi una silueta amenazante, pero por instinto hice una cruz con las pantorrillas y en ese preciso momento desapareció la silueta".

Y cuando estamos frente a una persona negativa u ofensiva, nos conviene cruzar pies o manos, además de poner una mano en el plexo solar.

Al cruzar nuestros pies o manos, nos replegamos, sí nos cerramos al exterior, pero para ganar en fuerza interior.

Cuando en un grupo nos tomamos de las manos, la energía está circulando entre todos, cuando mi mano derecha toma energía de la palma izquierda del compañero situado a mi derecha; y mi mano izquierda recibe energía en su palma de la mano derecha del compañero situado a la izquierda.

¿Te has preguntado por qué mucha gente medita con los pies o extremidades inferiores cruzadas?

¿Te has preguntado por qué muchas posturas de integración cerebral con las manos (mudras y otras) incluyen cruces o toques de dedos o palmas de las manos?

Cuando nos abrimos al exterior en pies y manos, estamos vulnerables a lo bueno y a lo no tan bueno.

Así que no coincido con muchos que ven "mal" que una persona cruce sus manos o sus pies, y rápidamente lo quieren 'corregir'. No es ni malo ni bueno, dependerá del fin buscado, del propósito.

1.3.- TERAPIA DE IMPACTO

Fue en la década de 1990 cuando empecé a escuchar que la mayoría de los facilitadores que impactaban era porque hacían "dinámicas" (en realidad, eran técnicas, como bien lo puntualiza Julio César Verdugo) para que los participantes visualizaran, comprendieran o aprendieran algún objetivo. En lo que ahora me doy cuenta que no facilitaban del todo bien es en la retroalimentación o en el facilitar el darse cuenta, etapa que me parece clave y muy importante, ya que se necesita estar capacitado para este fin. Es decir, una técnica ("dinámica") de impacto la puede hacer cualquiera, y no cualquiera puede conducir la retroalimentación de manera adecuada para extraer el darse cuenta o la toma de conciencia en cada participante, aquí tiene más ventaja quien esté más preparado, por ejemplo, un terapeuta lo hará mejor que un prestador de servicio social.

No estoy refiriéndome a la Terapia de Choque entendida como Confrontación de actitudes o comportamientos, y que es usada en algunos contextos por quienes lo creen pertinente.

¿Qué son las Técnicas de Impacto? Una respuesta es: son técnicas derivadas de Terapia de Impacto (Impact Therapy), un enfoque desarrollado en la década de1980 por Edward Jacobs, Ph.D., profesor de Asesoramiento psicológico y rehabilitación en la Universidad de West Virginia, Y Christine J. Schimmel, de la misma Universidad de Virgina. Posteriormente, también este tipo de terapia ha sido mejorada magistralmente por la Psicóloga canadiense Danie Beaulieu, co creadora de EMI (Eye Movement Integration).

La Terapia de Impacto es diferente en su enfoque ecléctico y su integración sinérgica de muchos modelos de intervención psicoterapéutica, particularmente de la Hipnosis Ericksoniana, psicoterapia orientada al cliente, Terapia de la Realidad, PNL, Terapia Racional Emotiva de Ellis, Análisis Transaccional, Terapia Gestalt, y, recientemente, Teoría Proacción.

Antes y después de Ed Jacobs, ha habido y seguirá habiendo personalidades que en su estilo hayan facilitado algunas o muchas técnicas de impacto, podemos mencionar por ejemplo, a Milton Erickson, Jay Haley, Fritz Perls, Richard Bandler, Robert Dilts, Steve Andreas (John Stevens), Bert Hellinger, Jodorowsky y muchos otros.

Cuando estudié la Maestría en Terapia Gestalt en INTEGRO Guadalajara/Colima (2005-2008), los maestros nos facilitaban técnicas grupales e individuales, y sí, la casi totalidad de éstas eran de impacto y con una retroalimentación de calidad, principalmente filtrada con Terapia Gestalt.

Por cierto, para los seguidores de la Terapia Gestalt, verán que Ed Jacobs y Danie Beaulieu en sus libros le dedican muchas páginas a combinar esta con la Terapia de Impacto.

La Terapia de Impacto que se comparte aquí no es simplemente lo que inventó Ed Jacobs ni su marca comercial, es también algo que se sugiere debería estar presente en cualquier estilo terapéutico o pedagógico.

OTROS IMPACTOS

Podría platicar que me he impactado cuando un docente, desesperado porque no podía explicar las propiedades de una sustancia química, vaya al laboratorio que estaba a 50 metros, trajera una muestra de la sustancia y vertiera en el suelo un poco de ella, causando una llamarada. Y cuando, a mitad de una fiesta, entre una batucada. O que, en la película 'Stand Deliver' (Con ganas de triunfar) el profesor Jaime Escalante, como estrategia para enseñar matemáticas de fracciones, imparte una clase disfrazado de cocinero que parte frutas.

Y mejor contaré que estando impartiendo una clase, saqué un pedazo de hielo, lo arrojé contra la pared y les dije a los alumnos: "no se preocupen, es para romper el hielo". O que una vez que estaba facilitando una sesión grupal, en la parte final abrieron sus ojos y tenían una semilla de mostaza en su mano (o un arbolito, según me contó una sesión parecida, el Psicólogo Miguel Ángel Jiménez).

Impactan los magos, no por el truco en sí, sino por la manera en que lo hacen. Diría J. Zeig que por la manera en que envuelven el regalo.

Otra actividad de impacto, cuando trabajando en integración grupal, un garrafón de agua purificada permaneció durante toda la sesión en medio del círculo de participantes. Se desarrolló la sesión mentalizándose en la integración y trabajo en equipo, para que al final los integrantes bebieran de esa agua, "impregnada" con sus "vibraciones de energía".

En otro momento, llego con un grupo y cargo un frasco llenado a la mitad de agua. Les pregunto qué es lo que traigo. A partir de ahí se deshila un sinfín de aspectos a tratar, ¿medio lleno o medio vacío? polaridades pesimistas-optimistas, agregarle brillantina que ensucia el agua, como los enojos nos ensucian la calma y hay que esperar a que se asiente. Que un frasco lleno no puede permitir que entre nueva agua.

Impacto causó que les rompiera una hoja de papel a un grupo que me entregó su lista escrita de reglas grupales. Diciéndoles que lo que realmente me interesaba era observarlos cómo se relacionaban entre sí, y no propiamente la lista escrita en la hoja.

En una sesión grupal, una actividad consistió en que se colocaban una máscara de calavera y hablaban como si hubieran muerto, es decir, "ya fallecidos" hablaban de la causa de su muerte, cómo fue, qué aprenden, de qué se dan cuenta, etc.

Impacta a los participantes de un grupo, o a una persona en lo individual, la quema de sus "negatividades". He usado un cesto metálico (que también utilizo para basura de mi oficina) y en él se coloca lo necesario ¿una carta, dibujo, frase, creencias escritas, "culpas", fracasos, errores, defectos? Esto como clímax o meseta de una sesión.

La Psicomagia de Jodorowsky impacta. Sí, pocos aún pueden presumir de ser psicomagos. Sin embargo, vale el abono de retomar algunos elementos de esta técnica, sabiéndolos integrar a la sesión, en la visualización guiada o en lo práctico si estamos en condiciones de hacerlo. La tierra purifica, por eso se habla de enterrar cenizas; la flor blanca representa el perdón, por eso se habla de plantarla encima del pozo tapado donde se enterraron las cenizas de la quema de lo que ocasiona conflicto. Derramar miel alrededor de la flor blanca se refiere a un final dulce, positivo, constructivo.

El youtuber 'Escorpión Dorado' rompe el confort de las personas para lograr extraer una interacción valiosa y entretenida, basada en el humor y la irreverencia.

Los poligrafistas, capacitados para manejar el polígrafo o detector de mentiras, saben que tienen pocas horas para con sus sensores lograr medir reacciones corporales del examinado, y que éstas sean lo más genuinas posible.

Por eso, algunos de ellos, para acelerar cómo reaccionarán los examinados en situaciones de frustración o ante temas incómodos, suelen recurrir a estrategias que buscan quitar las máscaras sociales a los entrevistados. Algo parecido sucede en una sesión terapéutica, se cuenta con 50 minutos o más (a veces menos tiempo) para asomarnos a los fondos del consultante, por lo que las técnicas que se faciliten tendrán que impactar, remover las emociones o la mente del receptor.

Por último, decir que veo dos grandes tareas para los que nos interesemos en esto:

1.-Analizar y practicar lo que nos ofrecen los autores, adaptándolo a nuestro contexto terapéutico.

2.-Ser creativos en nuestro consultorio con nuevos recursos que podamos usar en nuestro estilo. Sabiendo de antemano que hay materiales que sabemos que nos van a estimular la creatividad, por ejemplo: sillas (grandes y pequeñas),

hojas de papel, pelotas, globos, crayones, pizarrón, agua, recipientes (vasos, frascos), entre otros.

1.4.- INTEGRANDO POLARIDADES

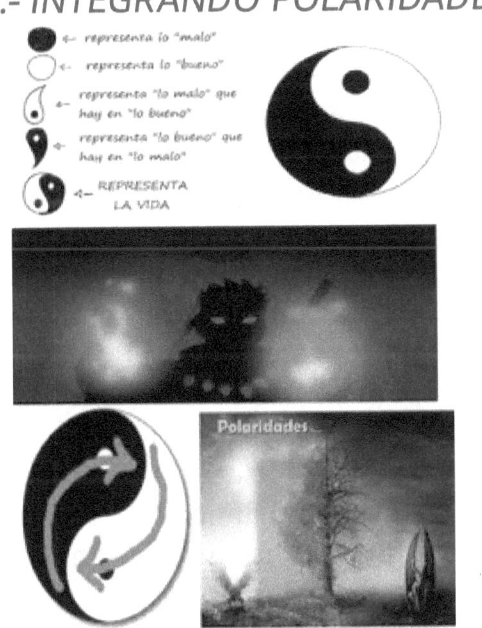

Encontrar y trabajar polaridades, es algo frecuente que sucede en mis consultas. Para no repetir lo que otros han escrito, brindaré lo que hago y lo que sé.

Suelo tomar en cuenta tres o cuatro posiciones. Primera posición (el consultante); segunda posición (el otro involucrado en el conflicto; imaginado o representado); tercera posición (un observador independiente, como si fuera un reportero; imaginado o representado); cuarta posición (aquí se puede ser asumir la visión de un sabio que retroalimenta lo sucedido entre las tres posiciones, imaginado o representado).

Vivimos en un universo de opuestos, dualidades, polaridades, desde lo micro hasta lo macro, en lo más profundo de cada energía. En nuestro cuerpo hay polaridades en nuestra anatomía, fisiología, sentimientos, creencias, conceptos y espiritualidad.

Las polaridades, opuestos o dualidades, se pueden representar a través de 2: hojas de papel, sillas, manos, pies, rodillas, ojos, objetos elegidos, símbolos, anclajes, personas imaginadas o representadas físicamente por otras, muñecos, monitos, tapas, fichas, cartas de baraja o tarot, pelotas, fotografías, lados de un cuerpo, láminas de colores, o hasta los polos de un globo terráqueo escolar.

Medios para trabajar las polaridades: Técnicas gestálticas de diálogo de polares, técnicas de Integración Cerebral y Energéticas (ver los capítulos respectivos en este libro) a través de las estimulaciones bilaterales y el tapping, metáforas y analogías en dichos, refranes, cuentos e historias. En el Brainspotting, combino la Oscilación de Peter Levine, en el sentido de tener presentes 2 puntos cerebrales o focales en el panorama del consultante (uno donde conecte con lo 'negativo' y otro donde conecte con lo opuesto, por ejemplo algo 'positivo'), cuando he llevado a la práctica esto suelo utilizar papelitos post-it para señalar cada punto en la pared donde los ubica, para luego hacer recorridos su mirada de un punto a otro, en el entendido de que esto está inserto en medio de un proceso terapéutico, con otros detalles antes y después.

Estoy recordando otra ocasión en que, a mitad de la sesión, como recurso creativo, usé un muñeco de plástico llamado "Señor Cara de Papa" de Toy Story.

Mientras le iba comentando y preguntando sobre aspectos de su vida y de otras personas parecidas a él, iba desarmando las piezas del juguete: el sombrero, los brazos, la boca, los ojos y cejas, las manitas, la nariz y el bigote, hasta llegar a los zapatos. Hasta concentrarnos en el cuerpo sin piezas, sin máscara, sin sentidos, un aparente vacío… su esencia. Después, el retorno gradual a su integración, pieza por pieza, hasta completarse.

Formas de diagnosticar y/o evaluar la integración/desintegración de polaridades: test de verificación muscular, por ejemplo, el anillo de Omura o el testeo muscular de un brazo levantado; observando el lenguaje corporal y escuchando activamente el lenguaje paraverbal. También, en un dibujo que haga el consultante, o en la forma de colorear la estructura de un mandala.

A Marshall Rosenberg, quien tiene más de 40 años como mediador en conflictos de guerras, le han preguntado: ¿Cuál es la principal cosa que usted hace para traer paz a las personas? Respondió: "Primero, nunca escucho lo que creen (lo que me dicen), a mí me sueltan muchos insultos los que me escuchan.

En un campo de refugiados de la Autoridad Palestina, cuando mi intérprete anunciaba que era estadounidense, alguien de la multitud me gritaba asesino, simplemente conecté con lo que él sentía, con lo que necesitaba. Le digo: ¿señor, está usted furioso? Y luego trato de escuchar sus necesidades ¿Necesita un tipo de trato distinto al que le brinda mi país? Es decir, les respondo de una forma que les sorprende a lo que hubieran esperado como reacción, luego le contesto expresando sus necesidades, solamente así podrá escucharme a mí lo que le tenga que decir. Tuve que ver al ser humano que hay detrás de los insultos que me decía."

Comenta Richard Bandler: "Cuando la gente negocia… De hecho, yo fui utilizado como árbitro varias veces y la mayor parte del tiempo encontré que el problema no era que cualquier lado no pudiera renunciar a esto o no pudiera dar esto otro. Es que ningún lado estaba pidiendo lo suficiente. Porque, cuando expandes lo que ambos lados piden, te da un amplio margen para negociar, siempre y cuando entiendan cuál es el resultado final". Cuando lo contrató la Asociación Nacional de Terapeutas

Respiratorios porque no se ponían de acuerdo, señala: "Ahora, yo entré la noche anterior y puse a cada uno a escribir una propuesta sobre lo que querían. Y cambié una palabra. Una palabra en ambas propuestas, como si las mezclara, porque casi decían lo mismo. La palabra es "deseable". Y lo leí en voz alta y dije: «¿Hay alguien aquí que esté en desacuerdo con esto?» Y nadie levantó la mano".

¿Para qué integrar las polaridades?

Replantear. Encontrar la intención positiva que hay en la conducta de cada polaridad. La persona es más que una de sus conductas.

Resignificar. Encontrar lo bueno de lo malo, y lo malo de lo bueno.

Reevaluar. Detectar incongruencias y excepciones en cada polaridad, para reducir la incompatibilidad con la otra parte.

Recontextualizar. Encontrar contextos alternativos para una o las dos polaridades.

Reencuadrar la comunicación. Permitir expresarse a la otra parte, escucharla activamente, con tolerancia.

Reconocer. Reconocimiento y valoración mutua con la otra parte. Y si la otra parte es inconsciente, dialogar con esta a través del test de verificación muscular.

Reestructurar las creencias (juicios, opiniones, ideas) entre las dos partes involucradas

Renegociar. Llegar a acuerdos sobre qué hacer para satisfacer las necesidades del otro y mis necesidades. El discutir es parte de la comunicación natural para explorar las alternativas de solución.

Reconciliar. Se trata de trascender y respetar las diferencias, complementarse para coexistir y seguir tras un objetivo en común, en un ganar para ambos.

Reunir los opuestos, lograr la intersección del cuadro y la esfera.

Restablecer. Llegar a un equilibrio para estabilizar las partes.

Decía Fritz Perls que hay que buscar la intención positiva en cualquier conducta, hasta en la más agresiva. Él valoraba el

punto cero de Friedlaender,
que yo comparo con la actitud fenomenológica o el estar en el centro leve que dice Bert Hellinger.
El Todo es más que la suma de las partes. La integración, tiende al orden y construye. La desintegración, tiende al caos y destruye.

1.5.- RELAJACIÓN: VIRTUDES Y ADVERTENCIAS:

Para no repetir métodos de relajación ya conocidos, mencionaré una postura que no he visto en ningún libro, y se me ocurrió practicarla, notando su efecto relajante, ya que actúa en varios músculos del cuerpo.

Se trata de estar parado, con la lengua en el paladar, cruzar los pies con el pie dominante pasando por encima del otro. Se elevan y entrecruzan las manos, luego se colocan así en la nuca, entonces la cabeza se mueve lentamente hacia arriba, mientras con cuidado se van moviendo los brazos y hombros se van moviendo hacia atrás para permanecer así durante unos segundos. Se toma un ligero descanso y se procede a realizar nuevamente esta postura, repetir unas tres veces más. Finalmente, esto se puede combinar con un masaje circular en las hendiduras presentes a los costados de la nuca.

Las Burbujas.
Se pide primeramente que durante el primer minuto la persona cierre sus ojos, respire hondo varias veces y se relajen. Los cuarenta y cinco segundos siguientes tiene que vaciar la mente del todo, intentar no pensar. Naturalmente, eso es muy difícil para la mayoría de la gente. Nuestra mente aborrece el vacío, por lo que la llenamos de pensamientos vulgares. Durante el segundo minuto se le pide que se imagine que está sentado en el fondo de un estanque muy bonito.
Puede respirar con normalidad.
Se le pide a la persona que cada vez que se le venga un pensamiento a la mente lo pondrá en una burbuja y observará cómo

esa burbuja flota hasta la superficie del estanque y desaparece. Entonces volverá a poner la mente en blanco. Si le llega otro pensamiento lo volverá a meter en otra burbuja, dejando que flote y desaparezca. Y así sucesivamente, repitiendo el proceso. A las personas que tienen miedo al agua se les dice que se imaginen sentadas en un campo muy bonito y que utilicen un globo con gas en lugar de una burbuja. Durante el siguiente minuto utilizan las burbujas o los globos, observando qué sentimientos se evocan.

Contraindicaciones generales de los métodos de relajación (O en qué condiciones no realizarlos):
-Cuando la persona va conduciendo un vehículo.
-Cuando necesita estar alerta en un trabajo o lugar en que se requiera, para sí evitar una sanción, un robo, un descuido, etc.
-En horarios inmediatos (antes y después) de las comidas del día (desayuno, comida y cena).
-Considerar que existen trastornos relacionados con la ansiedad que están asociados con trastornos médicos, por ejemplo, presión alta, epilepsia, discapacitados, psicosis, diabetes, fallos cardíacos, lesiones neurológicas, desequilibrios endocrinos, efectos de medicamentos y de drogas, otro ejemplo sería que el ritmo respiratorio es contraindicado cuando se está mormado, con gripa o con una enfermedad bronquial o de la nariz. (sinusitis, etc.). Para esto asesorarse con un médico y/o con un psiquiatra.
-Los trastornos relacionados con la ansiedad no necesariamente se aminoran practicando algún método de relajación sino que se prefiere una intervención interdisciplinaria que combine aspectos psicoterapéuticos (trabajando con las emociones y orígenes subyacentes), técnicas psicológicas cognitivas y conductuales prácticas que trabajen con los síntomas, la posibilidad de medicamento sedante y ansiolítico, así como la enseñanza de estrategias de solución de problemas que vayan encaminadas a reducir el nivel de la respuesta de ansiedad.
Por otra parte, a continuación, se mencionan nombres de técni-

cas de relajación y los casos en que se contraindican:

A).-Respiración rítmica: en enfermedades respiratorias como asma, gripa, tos, resfriado, cáncer pulmonar, etc.

B).-Movimientos oculares rítmicos: en enfermedades o trastornos ópticos como astigmatismo, glaucoma, miopía, ceguera, conjuntivitis, etc.

C).-Técnica autógena de calor: en migrañas y cefaleas.

D).-Enfoque de latidos del corazón: en enfermedades o trastornos cardiacos.

E).-Visualizaciones mentales: en ceguera de nacimiento y quienes problemas para visualizar imágenes por no ser su canal sensorial predominante.

F).-Postura yogui (de cabeza recargando los pies en una pared): en problemas de la columna vertebral, daño cerebral craneoencefálico, enfermedades circulatorias como artritis, várices, no durar más de veinte minutos para evitar "adormecimiento" en el músculo.

G).-Relajación fraccionada (Tensar-distensar músculos): en zonas de fracturas, heridas y contusiones.

H).-Técnica autógena de plexo solar-diafragma: en úlceras, gastritis, amibas.

I).-Flashes y lengua en paladar (riesgo en epilépticos).

1.6.- DESCARGAR EMOCIONES.

Descalzo, parado con pies separados, y manos asestando golpes bilaterales (alternados) a la pared, variando el ritmo y la fuerza de dichos golpes.

Golpes a un cojín o almohada, de manera bilateral (alternada). El cojín encima de un escritorio o en un piso / tapete / alfombra.

En una almohada, gritar o expresar un "guaco" (grito de algarabía realizado mientras se escucha o canta una canción emotiva.

Golpes (tapping) en las rodillas, de manera bilateral (alternados), variando el ritmo y la fuerza de dichos golpes. Tanto con brazos paralelos como más adelante con brazos cruzados.

Uso de las manos. Se pueden usar para actividad de colapsar

anclajes, finalizando estos con un aplauso, en la integración de polaridades. Pudiera hacerse también un ritmo de apretarlas alternadamente (bilateralmente), o incluso apretando una pelotita, alternándose cada mano, para descargar ira. En algunas pocas ocasiones, me he atrevido a colocar dos cojines encimados en la pared, mientras el consultante les lanzaba golpes con sus manos, cuidando de que no me golpeara a mí. Por otra parte, las manos se pueden usar para estrujar almohadas, toallas o prendas de ropa, también para doblar o romper hojas de papel de diferentes colores.

Uso de los pies. Se pueden apretar o mover hacia adelante, alternadamente.

También, pueden descargar furia pateando una pelota o balón.

1.7.- TRABAJAR LA TOLERANCIA A LA FRUSTRACIÓN:

1.-Pelotitas arrojadas al cuerpo. Esto lo he aplicado en grupo, haciendo dos subgrupos, el primero de ellos hace una fila frente a una pared, dando la espalda a los integrantes del otro subgrupo, quienes les arrojan pelotitas durante 3 ó 5 minutos, después los otros les arrojan las pelotitas a estos. Retroalimentar las experiencias.

2.-Decir / gritar "chinga tu madre" hacia una pared, durante varios minutos.

Retroalimentar cómo va perdiendo significado la frase de insulto al estarla repitiendo, algunos llega el momento en que se callan, otros bajan la intensidad de su voz.

3.-Detener el desfile de pensamientos negativos. Pero hay que continuar cualquier actividad que estés realizando.

-Asumir el papel de "Testigo" (que describirá en silencio las acciones) y no de "Juez". Es decir, sólo hay que identificar cada una de las acciones, pero sin juzgarlas ni opinar sobre ellas; en otras palabras, hay que ignorar los sentimientos y juicios sobre éstas.

-Empiece a mencionar (en silencio) cada movimiento físico que realice durante los siguientes 15 minutos, como si fuera un narrador deportivo (ejemplificar la diferencia que existe con un comentarista deportivo).

- Luego, notarás que tus sentimientos de frustración han bajado o desaparecido. Hay que continuar con el ejercicio hasta que ya no te sientas frustrado.

1.8.- TRABAJAR TERAPÉUTICAMENTE LAS FRASES

En los últimos años, las frases pululan por las redes sociales. Frases motivacionales, célebres, positivas, espirituales, bíblicas, afirmaciones, tuits, refranes, y otras variadas.

Leerlas así nomás, a pesar del fondo colorido o la imagen atrayente, cada vez se vuelve más aburrido y de flojera. Es necesario darles trascendencia, vida y potencia, que impacten en nuestra mente, corazón y conciencia.

Para tal objetivo se pueden acompañar de técnicas poderosas que han demostrado su eficacia, por ejemplo:

***ESTIMULACIONES BILATERALES** (Con/Sin EMDR):*

Dice David Grand que las estimulaciones bilaterales sin frases, solamente provocan relajación. Y si las acompañamos de frases entonces estamos haciendo psicoterapia más profunda.

En EMDR se insiste que las frases tienen que reflejar una cognición (pensamiento), evitando las palabras emotivas como "siento". Y se establece que se midan en escalas subjetivas (las positivas del 1 al 7, y las negativas del 1 al 10), para ir checando el grado de avance o estancamiento con lo trabajado.

Hay que recordar que las estimulaciones bilaterales pueden ser auditivas, táctiles o visuales.

MEDITACIÓN:

Usando el método de meditación favorito, puedes meditar sobre la frase que elijas.

AUTOOBSERVACIÓN:

Con la frase en la mente o teniéndola a la vista, autoobservarse el cuerpo, así como las sensaciones, las reacciones, las emociones y los sentimientos que se generan en nuestro interior.

VISUALIZACIÓN DE EXPERIMENTAR LA FRASE (Imaginando o recordando):

Relajados y concentrados se puede imaginar (construir) o recordar (del pasado) experiencias asociadas a la frase, donde el interesado sea el protagonista que experimenta el contenido de la frase.

EFT:

Es sabido que las Técnicas de Liberación Emocional usan frases para potenciar el efecto de la estimulación de puntos energéticos en el cuerpo.

También, en EFT se dieron cuenta que el tapping energético es más poderoso cuando se combina con frases. Bueno, pues también podemos ser creativos y aplicar el tapping de los puntos energéticos para una frase que nos interese,

aplicándole a esta los elementos del EFT, es decir, recordando que la frase comienza con: "A pesar de que..." o "Aunque...", terminando en modo positivo:

"...me acepto totalmente" o "...me acepto tal como soy". Y en medio de la frase EFT estaría el sustento del contenido de la frase original que nos interesó. Por ejemplo, si me interesa o hace figura trabajar la frase:

"Si un hombre de 50 años ve al mundo como cuando tenía 20, entonces es que desperdició 30 años de su vida." – Muhammad Ali

Primer método: La frase traducida a EFT pudiera quedar así (digo pudiera porque alguien más la puede traducir con otras palabras, aunque la esencia sea la misma): "Aunque el boxeador Ali dice que si un hombre de 50 años ve al mundo como cuando tenía 20, entonces es que desperdició 30 años de su vida, me acepto tal como soy". Y mientras se dice o se piensa esto, se aplica tapping,

presión o masaje en uno o más de los puntos energéticos que marca el EFT.

Segundo método: Decir o pensar la frase original mientras se aplica tapping, presión o masaje en uno o más de los puntos energéticos que marca el EFT.

***REFLEXIONARLA DURANTE UN DÍA*:**
En esa reflexión surgirán en nuestro interior intuiciones, ideas, recuerdos, conexiones, percepciones, etc.

***INTEGRARLA EN NUESTRAS ORACIONES ESPIRITUALES*:**
Usando nuestras creencias religiosas o espirituales, podemos integrar la(las) frase(s) que consideremos necesarias.

***EN TESTS PROYECTIVOS*:**
Por ejemplo, en el de Frases Incompletas de Sacks. Yo lo uso de una manera no convencional, le extraigo todo el jugo que pueda, incluso profundizando en una sola frase completada. Me ha funcionado que yo como entrevistador escriba la respuesta del entrevistado, porque cuando dejo que él escriba le piensa más, intelectualiza más.

***PNL*:**
Si se valora como positiva una frase, se le puede aplicar la modificación de submodalidades, como el visualizar la frase en una pantalla mental gigante, aumentar de tamaño las letras, ponerles colorido y brillo, un sonido agradable de fondo, quizá que la recite un personaje de mucha sabiduría para nosotros, etc.

***INSPIRARSE CON LA FRASE PARA CREAR ALGO*:**
Quizá un dibujo, una pintura, un diseño de imagen, una figura de plastilina, una artesanía, un poema, una canción, un sonido, una carta, un cuento, etc.

***CREAR POLÉMICA O DEBATE*:**
O sea, de una o más frases polémicas se puede debatir en uno o más grupos.
Ejemplo de una frase polémica que yo he usado. "Amor, no es cama ni comida"

***GESTALT*:**
Que diga en primera persona la frase que le hizo figura. Hacer preguntas, por ejemplo; ¿Cómo aplicarías esta frase en tu vida?, ¿Si tú fueras el que creó la frase, ¿cómo te sentirías?, ¿Cuál es la ganancia de esas palabras?, ¿En qué parte de tu cuerpo te resuena esta frase?, etc.
Y de alguna (s) de esa(s) maneras, trabajando la frase, quedará atrás el cartel o el color que originalmente nos aburría o que se

estancaba en un letrero aparentemente intelectual.

1.9- FACILITAR EL CUENTO

Como un recurso terapéutico, con adultos, en ocasiones me valgo de un libro de cuentos, habiendo algunos de fácil lectura como los libros de Jorge Bucay; "Aplícate el Cuento. Relatos de Ecología Emocional" de Jaume Soler y Mercé Conangla, y otros de mediana complejidad como "Reflecciones Diarias" de Paulo Coelho, y otros más complejos como los de Alejandro Jodorowsky "La Sabiduría de los Cuentos" y "La Sabiduría de los chistes". Otros libros que se pueden aprovechar son los libros sagrados (La Biblia y demás), libros de superación personal que contienen cuentos, frases y reflexiones, por ejemplo, de autores como Anthony de Mello, Jack Canfield y sus Sopas de Pollo para el Alma, etcétera; además de libros de cuentos y leyendas de países como México, India, Arabia, entre otros.

Suelo facilitar que un consultante abra "al azar" (no hay casualidades) un libro de cuentos y el cuento que le sale (prefiero la página derecha o a veces también la izquierda) puede interpretarlo como una respuesta si es que se concentró en obtener una, o puede proyectar lo que le haga fondo en ese momento y facilitarle el que lo haga figura y se de cuenta. En fin, y hay otras variantes que uso con libros de cuentos y de frases.

Dice Beatriz Souza: "También en sesión de grupo se puede compartir la lectura del cuento e ir trabajando con lo que hace figura en cada uno de los participantes".

Recuerdo que Jorge Bucay comercializó "El Juego de los Cuentos", con sus respectivas indicaciones para la escucha de esos cuentos.

Actualmente, disponemos del Internet para también hacer uso de cuentos en video, me estoy acordando en este momento de "El Patito Feo", por ejemplo.

En algunas ocasiones he usado papelitos con números, dados o que simplemente piense en un número de dos o tres cifras (que abarque entre los números de la primera y la última página del respectivo libro).

A veces, le digo al consultante que ponga su mano izquierda sobre el libro, cierre sus ojos, se concentre en el problema o conflicto a tratar y que pida (al Universo, a Dios o a quien quiera) un mensaje o alternativa de solución a través de un cuento que encontrará en ese libro al abrirlo.

En otras ocasiones, cuando el consultante no sabe leer le leo el cuento, tratando de expresar el aspecto dramático que transmite.

En una sesión reciente, para que se instalara de una manera más eficiente una frase motivadora (bíblica o de autoayuda) les facilité a los interesados a que crearan imágenes grandes y coloridas con las palabras claves de esa frase, además de estimularse bilateralmente en sus rodillas.

Ha habido momentos en que el cuento lo facilito al inicio o al final de una sesión, o incluso no lo tomo en cuenta, según mi intuición con esa persona y esa circunstancia.

No todos tienen la habilidad para contar un cuento, por eso aquí se ha enfatizado el que el propio consultante lea el cuento (en silencio o hablando) según prefiera. A mí no se me da el contar cuentos, aunque sí el contar anécdotas propias o de otros, mencionar frases célebres y refranes.

O sea, que maneras creativas puede haber muchas, siendo lo más importante no el contenido del cuento sino más bien lo que procese y trabaje el consultante, como lo son sus proyecciones, polaridades, miedos, traumas y demás conflictos.

En ocasiones les menciono una o más de las siguientes preguntas:

¿Qué es lo que más te gustó de este cuento?

¿Qué es lo que menos te gustó de este cuento?

¿Con qué te conectó de tu historia de vida?

¿Con cuál personaje del cuento te identificas?

¿Qué palabra o frase te impactó y de qué manera?

¿Qué mensaje encuentras en este cuento?

¿De qué te das cuenta?

¿Qué aprendes o cuál es tu moraleja?

Sobre la marcha en la retroalimentación irá emergiendo material para procesarlo, integrarlo o reprocesarlo, según el enfoque que se utilice, y en esto se puede ir la sesión y tal vez hasta se continúe en la siguiente, si lo amerita la complejidad de lo trabajado.

Hablo de cuentos, frases y reflexiones porque obviamente me estoy refiriendo también a la importancia de las metáforas a nivel inconsciente, y que en ocasiones no es obligatorio forzar a hacer consciente lo que le mencionamos al consultante de manera intercalada o encubierta en la sesión.

En este momento, abrí al azar el libro "Los Mensajes de los Sabios" de Brian Weiss, me hizo figura esto: "Venimos a este mundo tridimensional a aprender de las relaciones, no de las cosas".

1.10- USAR EL MÉTODO FENOMENOLÓGICO

UNIVERSIDAD DE COLIMA

FACULTAD DE PSICOLOGIA

"La teoría de la personalidad de Carl Rogers. Una aproximación fenomenológica"

Ensayo

Que para obtener el título de Licenciado en Psicología presenta

Juan Carlos Martínez Bernal

Asesora: Mtra. Claudia Leticia Yáñez Velasco.

Colima, Col. marzo de 1999.

Usar este método para aplicarlo a la terapia, implica una preparación que incluye relajación y espiritualidad, actitud y apertura. Aunque pocos son los que se atreven a admitirlo, ayuda bastante el mindfulness, la oración y meditación previas a la sesión, la no interpretación ni enjuiciamiento, el respeto y la humildad de quien está ante nosotros. Se trata de observar los fenómenos, detectarlos, describirlos, reflejarlos, exhibirlos al consultante.

Considero que el método fenomenológico se asemeja en algo al trance.

Según Alejandro Jodorowsky, el psicomago y el tarólogo deben entrar en trance, para actuar en nombre del Dios interior, nunca en nombre propio. Agrega: "no es un estado de inconciencia o irracionalidad...es un estado de exacerbación de la atención... la persona en trance no se observa a sí misma, se disuelve en sí misma...el trance no permite que la memoria recuerde hechos, actos o palabras pronunciadas...pudiendo suponer una pérdida de la noción del tiempo... existe la acción pura en el presente atemporal...en el trance lo racional no desaparece, pero el paisaje se amplía porque es un puente al inconsciente, siendo un estado de supra-conciencia... caer en trance no significa "verlo todo", esta concentración "ve" una sóla cosa: aquello que debe ver y nada más...o sea que no es una omnivisión sino una concentración aguda de la atención en un detalle que, por supuesto, está oculto para la conciencia ordinaria". Jodorowsky en una entrevista señaló que los consejos sobre actos de psicomagia que brinda a sus consultantes se le ocurren cuando está en trance, por lo que para poder rescatar estos y ponerlos en sus libros tuvo que recurrir a la ayuda de una asistente quien al escucharlos de boca de Jodorowsky los transcribía.

Dice Bert Hellinger "cuando digo que en constelaciones familiares uso un enfoque fenomenológico significa que me expongo a un contexto mayor sin comprenderlo. ..me expongo a él sin la intención de ayudar, y sin la intención de probar nada...me expongo a todo tal como es...surge una percepción más amplia... y de repente, como un relámpago, destella la comprensión de algo que se halla detrás de los fenómenos...". La orientación fenomenológica es requisito para todo el trabajo de constelación, tanto para el facilitador, el consultante, y los representantes (si hubiera más personas). Para entonces estar en concordancia con la realidad, el encararla y asentirla tal como es. Exige valor como una actitud libre de miedos a lo que se percibe.

También interesante es lo que dice Francisco Sánchez Gavete sobre el método fenomenológico, en su libro "Constelaciones Familiares. Una Guía de Trabajo" (2011): "…la mayoría de las terapias humanistas o de "tercera vía" lo hacen. Consiste, básicamente, en trabajar con lo que hay, con lo que se presenta y tal como se presenta, evitando, en la medida de lo posible, juicios o interpretaciones, prescindiendo del análisis de causas así como de etiquetas diagnósticas o de cualquier otro tipo de prejuicios. Me gusta definir el método fenomenológico como el método del "paso-a-paso". Porque de lo que se trata es de atenerse a lo que va apareciendo. Por eso las preguntas pertinentes son "¿qué?" y "¿cómo?", y es menos pertinente la pregunta ¿por qué?, a no ser que queramos adentrarnos en la exploración de creencias. En mi experiencia, se basa más bien en la observación que en la intuición. Luego la experiencia e, incluso, la técnica también ayuda".

1.11- MEDICAMENTO CONTROLADO

El medicamento controlado (recetado por psiquiatras) se supone que es una de las últimas alternativas cuando una persona está muy mal en su comportamiento o estado mental. Yo estudié Psicología y Terapia y no soy partidario de recomendar la ingesta de medicamento controlado, sobre todo porque ha habido casos en que el paciente empeora en vez de mejorar, así como lo digo, y no es que lo suponga, me consta porque lo he visto en varios casos en donde he trabajado. Ni les ayuda y además entorpecen el tratamiento psicoterapéutico. Cuando me han hecho caso mis jefes de suspender el medicamento y solamente se le aplica lo psicoterapéutico (mío y/o de otro/a colega) tenemos casos en que ha mejorado el paciente. Me explico un poco más, cuando un/a colega nos damos cuenta que el origen del estado del paciente tiene que ver con un trauma, por ejemplo, sabemos que no es necesario el medicamento. Sin embargo, cuando es una condición de más gravedad como alguna psicosis, entonces sabemos que ahí poco hemos podido hacer desde la psicoterapia porque no ha sido nuestro fuerte. No soy anti médico, que quede claro, de hecho, en mi trabajo institucional, laboro apoyándome en otras áreas, incluyendo la médica y hasta la psiquiátrica, porque aquí trabajamos de manera multidisciplinaria. El error de algunos consultantes (en el exterior) es solicitar apoyo únicamente de Psiquiatría o únicamente de Psicoterapia, muchas veces se requiere la participación de otras área, incluso a veces (pocas, creo yo) también la Psiquiatría.

1.12.- PERROS, HUMANOS Y ENERGÍA

A veces, el aprendizaje proviene de fuentes inesperadas. César Millán, conocido en programas de televisión como 'El entrenador de perros' o 'El líder de la manada', y con muchos años de experiencia, comenta que al humano y al perro los ve como "energía", y a través de eso se guía para detectar lo fuerte o débil del comportamiento animal o del humano. Afirma: "Si tú no cambias tu energía, entonces tu perro no cambiará".

Dice que el perro es un reflejo del dueño, es su espejo. Un dueño egoísta hace egoísta a su perro; entender al perro es entender al dueño. Muchas veces, el humano no asume el liderazgo con su perro, entonces éste lo asume. La agresividad en un perro no es el problema, es el resultado del problema (caos, indisciplina, ansiedad, infelicidad).

Para tener éxito con los perros: "Entro con energía calmada y soy asertivo. Lo calmado hace confianza en el perro, la actitud asertiva hace que me respete".

Mucha gente quiere resultados rápidos a través de una técnica fácil, eso es una forma egoísta de ver las cosas.

El perro no tiene ego. El perro solamente necesita armonía y balance a través de 3 cosas: ejercicio (cuerpo, relajamiento necesidades físicas), disciplina (reglas y límites, lo adecuado e inadecuado) y afecto (amor y compañía).

¿En que está desarmonizado y desbalanceado tu perro?

1.13- TRABAJAR EL PADRE EN EL INTERIOR

"En nuestro cuerpo vamos hacia nuestro padre y nuestra madre, en unidad.

Ellos dan y reciben en nosotros y con nosotros". Bert Hellinger

El padre está en el sol, en el cielo, en el águila, en la sangre, en el corazón, en el David quien me procreó. ¿El mejor padre del mundo? el que me tocó y transformé en mi corazón, así como el que intento ser yo a diario.

Un mes después de la madre llega la inevitable comparación del festejo al padre, con menos regalos y textos por los exaltados agravios que los hij@S alegan que ocurrieron.

En una familia el padre es el primero, aunque en muchas (mexicanas, por ejemplo) se le excluya o se le relegue al último, con las consiguientes consecuencias nefastas por dicho desorden sistémico. En el simbolismo lo masculino es el número 1, y lo femenino está representado por el número 2. Por eso, en Constelaciones Familiares, las configuraciones toman como punto de partida del sistema ordenado al padre.

No es cierto que padre es el que cuida o está al pendiente. El padrastro o el abuelo serán cuando mucho, figuras paternas, y no pueden usurpar el lugar del padre, aunque éste haya muerto o se haya ido de la familia. Lo siento mucho, señores adoptadores, profesores, abuelitos, tíos y un interesante etcétera, aunque todavía no me golpeen, déjenme decirles que su contribución es valiosa y también de alto impacto para los niños y adolescentes, positiva o negativamente.

Esto no es una cuestión de honor o de calificación. La sangre no se discute, es tan roja y evidente, sin moral ni palabras, que su importancia no está en los glóbulos rojos ni en la hemoglobina, está en las hélices genéticas y en la carga genealógica.

Quizá el padre sea la sombra de nuestras dos figuras parentales, y fue absolutamente necesario para que, junto con la madre, nacieran los hijos e hijas.

A algunas personas les encanta mezclar la moral con el orden familiar. Craso error, señoras y señores, porque por eso están como están las familias, partidas y sin rumbo.

La montaña no vendrá a ti, porque ella es más grande. A los hijos les toca acudir a la montaña, con los pies, con el corazón o con el pensamiento.

No importa si el padre está muerto, enfermo o en otro lugar, tú puedes trabajar esto psicoterapéuticamente o espiritualmente.

Al fin y al cabo, se trata de transformar lo que tú traes de imagen, recuerdo, trauma, obsesión, asunto inconcluso o transtorno, o como le quieras llamar.

¿A qué se tiene que llegar para sanar nuestra relación con el padre? No podemos perdonar a Dios, no podemos perdonar a nuestro padre, solamente podemos comprender sus errores y omisiones y ofrecerle una disculpa por lo que lo hayamos afectado. Mientras no reconozcamos y honremos a nuestro padre estaremos errantes, fracasando y con sentimientos de vacío existencial. Renegar de nuestro origen, excluir o insultar al padre es una escupida al cielo (y en el simbolismo el cielo, entre otras cosas, representa al padre). ¿Ejemplos?: Bastantes delincuentes y drogadictos suelen tener dificultades con sus padres y/o figuras paternas. No es una frase al aire, lo he visto y tratado en casi 12 años laborando en una cárcel.

Dice Bert Hellinger, creador de las Constelaciones Familiares: ¿Por qué es que una persona realmente acude a psicoterapia? Usualmente es porque la persona está alejada de otros. Tan pronto alguien se aleja de sus padres o de un padre, se pierde la energía y la fuerza. La persona empieza a experimentar los síntomas. La resolución es en realidad muy sencilla. Hay que reestablecer la conexión rota. ¿Cómo? ¿Qué cualidades permiten que el consultante tenga éxito? Primero, el consultante debe estar conectado con sus padres o sus ancestros o con su destino particular, con su propia culpabilidad o con su muerte.

Claro, si no se arreglan las disfunciones con el padre, esto repercutirá cuando el hijo a su vez se convierta en padre.

¿Ejemplos de reconocer a nuestro padre? Tener una o más fotografías impresas o digitales en algún lugar donde las veamos frecuentemente (altar, oficina, computadora, portarretrato, etc.); incluirlo en nuestras oraciones; visitarlo y estar en comunicación suficiente con él; valorar lo que nos ha ofrecido desde que éramos niños, desde la sangre hasta un obsequio, un consejo o una habilidad de cualquier tipo. En tu corazón/pensamiento acepta sincero el paquete de vida que tu padre te ofrece, ya después lo revisas para ver qué deseas hacer con eso.

Una vez que reconozcas y honres a tu padre, valores lo que te dio y te da, entonces te darás cuenta hasta dónde puedes llegar con él o sin él. Es decir, no todos los padres e hij@s pueden llegar a la amistad o a la comunicación excelente. Se trata de que cada uno por su cuenta sane sus heridas, además de la interacción entre ellos como miembros de su familia, porque siempre serán padre-hij@, independientemente de donde estén o con quien estén.

¿Dónde nos brincará la liebre con cara de padre? En el trabajo y en la escuela, así como con policías, guardias y personas que ejercen autoridad o liderazgo (civil, religioso, político, deportivo, etc.), lo que consciente o inconscientemente nos conectará con nuestro padre, surgiendo rencillas, desacatos, discusiones, agresiones violentas, y otros arrebatos que no están contra esa persona del presente sino con la persona del pasado, es decir, el padre o la figura paterna, al cual siguen aferrados y enganchados como náufragos en el mar. Me explico, en su corazón enganchan inconscientemente a la figura paterna, lo cual les duele y piensan que no tiene que ver con su padre. No es chiste, es algo metafórico.

Nuestro padre influye en nuestra parte social, comunicativa, laboral y disciplinaria.

Hechos y actitudes en los padres, son más poderosos que sus discursos y sermones hacia sus hijos, me consta.

¿Por qué varias personas no creen en Dios o prefieren adorar a la Virgen o a la Santa Muerte? Así es, porque rechazan al padre, porque están conflictuados con la figura paterna. Y, "curiosamente", cuando se reconcilian con el padre o figura paterna es cuando empiezan a respetar y a creer en Dios (de cualquier manera o color que lo quieran concebir).

Si quieres ser un buen padre "destaza" a tus hijos, o sea, quítales los tazos unos minutos mientras los abrazas o platicas con ellos.

Yo soy hijo, padre y figura paterna. No es fácil ninguno de los tres roles, y están entrelazados.

"El Padre es la fuerza decisiva. El lugar del padre, del hombre, amado y reconocido por la mujer, es un lugar que sirve al amor, a la familia, a la vida. Así los hijos también lo pueden mirar y tomar. Así también los hijos pueden tomar del padre, del hombre, la fuerza para salir hacia la vida, salir al mundo y tomarlo todo. Ahora Papá, lo tomo todo de ti."

BERT HELLINGER

Les comparto la terapia grupal que facilité en la Institución en que laboro.

Para los que me leen por primera vez les comento que obviamente es imposible plasmar en palabras todo lo que sucedió en esa sesión. Me abocaré a "dibujar" esbozos de eso.

1.-Rapport y cómo les fue con lo practicado de la anterior sesión grupal.

2.-Minutos de respiración rítmica diafragmática, inhalando por la nariz, reteniendo y luego exhalando por la boca.

3.-Ejercicio de "las esquinas de los padres". Por cierto, no recuerdo la fuente de donde aprendí esta actividad.

a).-Todos se colocan de pie en una esquina del lugar cerrado donde se esté llevando a cabo la terapia. Instruyendo que no se estorben. Entonces se les dice que cierren los ojos y se imaginen que les tocó tener a los considerados mejores padres del mundo (aquí se les puede aclarar que padre y madre o que nomás el padre, quedando a criterio del facilitador) para ser criados por ellos. Que se den cuenta de sus propias reacciones y sentimientos. Espera de unos minutos.

b).-Abren los ojos y todos se ubican en la esquina inmediata, sin importar hacia qué lado. Ahí cierran los ojos, sin estorbarse. Se imaginan que les conceden la posibilidad de elegir a sus propios padres, de entre cualquier persona del mundo (siguiendo la congruencia de lo elegido en el inciso anterior, en cuanto a tener en cuenta solamente al padre o incluir a la madre también). De nueva cuenta se les pide que imaginen que son criados por estos padres y que se den cuenta de sus propias reacciones y sentimientos. Espera de unos minutos.

c).- Abren los ojos y todos se ubican en la esquina inmediata, tercera de la secuencia elegida. Ahí cierran los ojos, sin estorbarse. Se les pide que imaginan a los padres que les tocó biológicamente (siguiendo la congruencia de lo elegido en los incisos anteriores, en cuanto a tener en cuenta solamente al padre o decidir incluir a la madre también). Se les pide que imaginen que son criados por estos padres y que se den cuenta de sus propias reacciones y sentimientos. Espera de unos minutos.

d).-Según la secuencia elegida, en la cuarta esquina, todos de pie cierran los ojos, sin estorbarse. Se les pide que observen, se den cuenta y sientan lo sucedido en las 3 esquinas anteriores. Espera de unos minutos.

e).-Por último, todos pasan al centro del lugar, sin estorbarse se acomodan y cierran los ojos. Se les pide que imaginen que son un personaje o persona con sabiduría. Entonces su postura, pensamiento y sentimiento serán como las de ese personaje/persona que eligieron y así observarán lo sucedido en las 4 esquinas, expresándole mentalmente al participante un mensaje desde su sabiduría. Espera de unos minutos.

f).-Retroalimentación de las experiencias en los participantes que quisieron compartir sus experiencias. La mayoría coincidió en que a pesar de los malestares que ha habido con sus padres (padre y/o madre) no cambiarían a los que les tocó (los biológicos).

Después, facilité el bello ejercicio de 'Autopaternidad' (Patrones Arquetípicos), descrito por Robert Dilts y Robert McDonald en el libro 'PNL Herramientas del Espíritu', y que si me apuran pondré el resumen que ellos realizaron al final del capítulo, aunque aclaro que no lo apliqué como robot, sino dándole mi sazón. Y obvio que hubo retroalimentación de las experiencias que quisieron compartir los participantes.

Gracias a mi padre David por el pasado y por el presente, por estar en el mismo árbol. Gracias por el don de la escritura y la lectura, por la intelectualidad, por la reestructuración de nuestra relación pasada y porque nos centramos en el presente.

A MI PADRE (2019)

(I)

Tuve un padre como quiso ser,
Lo juzgué como lo quise ver.
Fue y fui, fuimos, nos vimos,
Volvimos del pasado al presente.
Él en su proceso de vida,
Yo inmerso en cada suceso por afrontar,
Hablo desde mí para mi sentido de vida,
Para mis sentidos que han experimentado,
Sintiendo y pensando en voz alta,
Para mi Gestalt que he resignificado,
Para la Constelación que me ha transformado,
Ahí los Martínez y los Bernal incluidos.
Dudé, sufrí, juzgué, supuse, crecí,
Trabajé, transformé, comprendí, aprendí,

Emprendí, prendí la luz en mi oscuridad,
Agradecí, honré, respeté.
No es casualidad que desde mi treintena de años
Renació mi vínculo a Dios Padre,
definí mi espiritualidad,
Me casé y me convertí en padre.
A mi padre David gracias por todo,
Por contribuir a mi existencia,
Recibí su paquete y luego lo exploré,
A distancia o en cercanía le honro,
Silente a veces junto a su hombro,
esta sangre que obtuve de él es un combustible,
me nutrí de su Campo Morfogenético.
Pasan los kilómetros, los kilos y los años,
Y él será el grande y yo el pequeño,
Por jerarquía y respeto en este clan,
46 gracias son pocas para agradecerle,
Desde que fui feto hasta hoy.

(II)
Hace 46 años alegre me vio nacer,
Hace 40 me salvó de morir atropellado,
Prefiero elegir los oasis de cariño,
Que lamentar el "astigmatismo" de mi yo-niño.
La mejor familia de mi mundo,
No me arrepiento de carencias de moneda,
Predominé en inocencia y en lo hiperactivo,
Los juegos sin máquinas ni guía Yang,
Mientras él concentrado en el río de uva y cebada,
Llegó a ser el mejor periodista y padre periódico,
Ahora más David que Damarmo.
Oía llegar su motocicleta y me sentía seguro,
De adulto dejé de juzgarlo y me destrabé,
Me constelaron y me gestaltearon,
Ya no tengo reproches ni rollos en derroches,
En realidad duermo a gusto en las noches.

Estos renglones no están torcidos,
Están vividos e incorporados con paz, vivos,
Al compás de los cambios en avances del alma,
La calma madura que superó lo apresurado verde del fruto,
En este árbol donde aún ramifico mi energía,
Compartiendo la venia roja de mi padre en su rama,
Habiendo hoy más honra que horas de drama.

Lo ignorante es querer trabajar terapéuticamente con el cuerpo físico del padre. El error es rodear y la posibilidad de equivocarse o tardar cuando se pretende enfrentar a ese padre en su limitada carne humana. El camino más espinoso es cuando se le pide perdón al padre, cuando un camino más sencillo es el de ofrecer una disculpa; el que pide perdón se expone en bandeja mendigando, el que ofrece la disculpa manda la energía.

Para trabajar con el padre lo podemos hacer a distancia física, aunque haya muerto, esté lejos o ausente emocionalmente. Se ocupa nuestra mente y nuestro corazón, quizá su energía en una fotografía o en un objeto que la tenga capturada.

El Padre está representado en Dios Padre, en la energía masculina del árbol familiar, como uno de los pilares para formar una familia.

Mi padre circula en mi sangre, en mis axones y neuronas, en el eco de cada latido, en el sello de la gran moneda invaluable de mis padres, en los recuerdos infantiles, juveniles y adultos.

Tomé tu paquete y luego elegí con qué me quedaba. Te ví, y con los años te imité cuando menos lo esperaba. Me di cuenta y decidí mi camino, contigo atrás de mi ventrículo derecho, de vez en cuando volteando para verte.

Vivimos, recordamos y trabajamos nuestro padre en el interior. No hay posesión demoniaca de nuestro padre en nosotros, por más abuso u omisión de la que se experimente. Hay una introyección, una experiencia, una influencia. Por eso trabajamos nuestro interior, donde reina lo que creemos de nuestro padre, lo que valoramos u odiamos, en donde está lo traumado según nuestra brocha que lo pintó.

La solución de trabajar nuestro interior...está en nuestro interior, lugar donde está nuestro padre del pasado, del presente y del futuro. Así mismo, en ese lugar encontraremos tarde o temprano al padre que seremos o que somos, entre espejos encantados y patroncitos camuflados. Dentro de mí coexisten el pasado y el presente, mi padre y yo como padre, mi hijo y yo como hijo. Los errores y aciertos que viví, y los aciertos y errores que cometí, como hijo y como padre.

1.14- EL TRANCE INESPERADO.

Un interno en la cárcel, hace muchos años, acudió a mi cubículo y la sesión individual se desarrolló con normalidad, contando detalles de su adolescencia.

Semanas después, queriendo retomar parte de lo que me había contado la sesión anterior le hice preguntas. Fue entonces que me aseguró: "no sé de qué me habla, yo no le he dicho eso, ¿a poco yo le dije eso?". Molesto, dio por terminada la entrevista. ¿Qué sucedió? Considero que en la primera sesión entró en trance (sin esperarlo él o yo) y por eso no recuerda lo que me dijo. Algo parecido sucedió con otros, cuando les he preguntado datos concretos me dan respuestas que no coinciden con lo sucedido. Por ejemplo, hubo una persona que llegó traumatizada, muy mal. Lo atendí como 7 veces. Después de unas semanas le pregunté: ¿Te acuerdas cuántas veces te atendí?, me contestó que 2 veces, (con una seguridad en sus palabras y en su rostro).

El trance no es tan fácil como parece, se necesita entrenamiento supervisado, y hay que reconocer que no a cualquiera se le da la habilidad de facilitar trances o de entrar en trance, que no es lo mismo. Hay quienes facilitan terapia estando en trance (la mayoría) y hay quienes además facilitan que el paciente entre en trance. Además de que hay quienes han mencionado que en la relación terapéutica ambos están en un cierto grado de trance.

Volviendo al título de este libro, no lo elegí por casualidad, sé que en algunos puede generar confusión, aunque sea de segundos de duración. A veces, esos segundos de trance pueden ser suficientes para que nos planten una frase, para sufrir un robo, o simplemente para distraernos de lo que estábamos haciendo.

Existe el llamado 'Efecto cumbre', que consiste en que una persona deja de estar trastornada y olvida detalles de lo mal que estaba. Parece ser que esto se relaciona con los reacomodos que hace en su memoria y porque cuando estuvo transformando lo inadecuado estaba en medio de un trance, y por eso después ya no recuerda lo que tendría que recordar.

Me ha pasado que algunos consultantes, después de haber transitado por periodos difíciles de duelos, depresiones u otros conflictos, después minimicen o hasta nieguen que hayan estado muy mal. No están mintiendo ni son malagradecidos, sucede que no son conscientes de esos 'olvidos'. Recuerdo cuando días después de que un consultante se encontraba recuperado de un trauma emocional por tortura física recibida, le pregunté ¿te acuerdas cuántas veces te atendí? Me contestó que una. Por más que le dije que lo atendí 4 veces, me aseguraba no recordar esas 3 otras sesiones.

1.15- ACERCA DE ESTAR CERCA DEL CÁNCER

Mencionaré algunas de mis experiencias, datos y aprendizajes adquiridos en los poco más de 4 años (2007-2012) que estuve colaborando en la Asociación Colimense de Lucha Contra el Cáncer, I.A.P. 'Tiende una mano a tu hermano'.

Esta asociación nació como civil, la fundó en Manzanillo mi suegro Ángel Mora Flores y el Dr. Jesús Cárdenas (entonces Director del Centro estatal de Cancerología de Colima), allá por 1996, después de que él fue objeto de cáncer ganglionar, y luchó contra éste durante varios años y…se recuperó, sigue vivo en la actualidad (cuando hasta médicos no le daban mucho tiempo de vida), aunque dejó de presidir esta asociación a principios de 2012, cuando decidimos él y yo salirnos como fin de una etapa y dejar que otros llegaran para continuar esta labor sacrificada y altruista.

¿Cómo le hizo mi suegro para sobreponerse al cáncer ganglionar que tuvo (uno de los más complicados que hay)? La respuesta es que se ayudó de las herramientas espirituales gnósticas que aprendió en una escuela esotérica (Asociación Gnóstica) durante varios años. También, se sometió a quimioterapias. Y fue un guerrero con una gran fortaleza para reponerse, usando luego su experiencia para motivar a los cientos de afectados de cáncer(niños, adolescentes y adultos) que luego le tocaría conocer y atender, apoyándolos de las maneras que podía, por ejemplo, económicamente, con donaciones de aparatos y medicamentos, gestiones de trámites y canalizaciones, traslados y visitas, didáctica de alimentación de sana, sugerencias de herbolaria y naturismo, búsqueda de patrocinadores y donadores, colectas, organización de eventos, etcétera.

En mi caso, colaboré con Don Ángel (así le digo a mi suegro), facilitando psicoterapia individual a enfermos de cáncer y a familiares de éstos, sobre todo provenientes o residentes del municipio de Manzanillo y de municipios del Suroeste de Jalisco (Cihuatlán, Melaque, La Huerta, Casimiro Castillo, Barra de Navidad, entre otros), siendo la mayor parte de mis atenciones en días sábados y domingos. También, le ayudé a elaborar programas y fui parte de su Patronato, fungiendo como Secretario, sin recibir sueldo, además de yo aportar muchas veces dinero, hacer "talachas" de aseo, cargas y otras cosas cuando era necesario. Además, es importante señalar que mi esposa Brenda Mora (Trabajadora Social de profesión) colaboraba con sus conocimientos en esta asociación, además de fungir como una de las Vocales del Comité de esta agrupación que no llegábamos ni a diez integrantes. Algunos de los colaboradores de esta asociación que recuerdo son: Raúl Monroy (ex jugador profesional de fútbol de Chivas de Guadalajara), Rosa Hernández y Yolanda Gordián, así como algunos instructores gnósticos que nos apoyaron platicando con varios de los enfermos o con familiares de éstos. Cabe decir que desde que dejamos esta asociación, esta ha seguido existiendo, con nuevo slogan, nuevo Patronato y estrategias, y no quisiera hacer una comparación ni lo que la gente dice de ambos.

A los enfermos de cáncer o familiares de éstos que se les ayudaba no se les cobraba, se les ofrecía la alternativa a que en el presente o en el futuro pudieran apoyar a otras personas en condiciones parecidas, con alguna donación de ropa usada o alguna aportación económica a su voluntad, que sería para gastos de esta asociación, como por ejemplo, gasolina, medicamentos, aparatos, entre otros; además de recibir de parte de los Gobiernos estatal y municipal un apoyo económico anual, insuficiente ante el número y costo de necesidades de las personas atendidas; por cierto, esta es una de las características de ser un Instituto de Asistencia Privada (I.A.P.) y el de ser regidos por una Junta estatal de Asistencia Privada, con las ventajas y desventajas que esto implica.

Ni Don Ángel ni yo poseemos una fórmula mágica para que se salve una persona que tiene cáncer. De los que atendimos, pocos duraban años de sobrevivencia posterior, terminaban muriendo.

¿Entonces, para qué ayudar a estas personas? Para aportar lo que estuvo a mi alcance, tanto en corazón como en intelecto. El beneficio fue para ambos, yo gané en lo espiritual y en experiencia terapéutica, y el paciente ganó en apoyo en varias áreas de su padecimiento.

Lo que apliqué al facilitar psicoterapia es ya conocido por los que me han leído. He dicho que mi estilo terapéutico es plural, con elementos de Gestalt, EFT, PNL, EMDR, Constelaciones individuales, Visualizaciones guiadas, etcétera. Los lugares donde se desarrollaban las terapias eran al aire libre o en el patio de casas comunitarias, bajo la sombra de un árbol, pocas veces en algún auditorio.

Las temáticas que más se repetían y les hacía figura a estas personas era su forma de vida, sentido de vida, relaciones con sus familiares, relaciones de pareja, traumas psicológicos, expectativa de muerte, asunción de errores y omisiones, responsabilidades y culpas, relajación y estrés, hábitos autodestructivos, conciencia de la enfermedad, etapas de duelo (Kubler-Ross), creencias culturales, religiosas y familiares, entre otras.

No me es fácil transmitir que en ocasiones resonaba en mí lo que probablemente había en los terapeandos: soledad, angustia, miedo, resentimiento, depresión, sufrimiento, estrés, y más.

Aprendí que no está en mis manos el poder de que viva o muera una persona con cáncer, porque esto va más allá de lo humano. Hay destinos difíciles, ha dicho Bert Hellinger. En ocasiones, llegué a intuir que había un límite, una barrera en donde ya no podía avanzar, ya no podía ayudar a la persona, como si algo me impidiera fluir mis intentos. Era una intuición en la que se me daba a entender que esa persona tenía que sufrir o cumplir su destino, que ya no me estaba permitido interferir, que ya había ayudado lo suficiente o había llegado al límite y que no me convenía "entrometerme" o forzar algo más, esto incluía también en ocasiones el rechazo del enfermo o su falta de voluntad en dado momento. Por cierto, este fenómeno también lo he experimentado al atender a algunos presos.

Pude darme cuenta que los que padecen cáncer tienen historias de vida con asuntos trágicos, traumas fuertes, vivencias de estrés prolongado por años, que en su momento no supieron, no quisieron o no pudieron manejar adecuadamente, y que poco a poco fue creciendo la bola de nieve.

¿Qué textos sugiero como material útil para saber más al atender a personas con cáncer? Aparte de la propia formación profesional y la formación espiritual (sí, dije formación espiritual, la que te sea útil), estos:

*"*Una Ventana al Cielo. Una luz en el acompañamiento del enfermo terminal". María Cristina Tena Campero. Impresora Gospa (2000) México.*

**Libros con nociones fundamentales del cáncer.*

**"Sanando Heridas Emocionales. PNL aplicada a la salud". Rubén Armendáriz. Ed. Pax, México.*

**Libros de Terapia Gestalt de Adriana "Nana" Schnake.*

**"Conocernos. Qué nos quiere decir el cuerpo con la enfermedad". Joman Romero.*

**"Manual de Psicomagia". Alejandro Jodorowsky. Ed. Grijalbo*

**"Todo está bien". Louise Hay y Mona Lisa Schultz.*

**"Aunque me cueste la vida. Constelaciones familiares". Stephen Haussler.*

**"Enfermedad que sana.". Kutschera y Schaffler.*

**"Constelar la enfermedad desde Hamer a Hellinger". Briggitte Champetier.*

**De Bert Hellinger: Órdenes del Amor y órdenes de la Ayuda.*

**"El Dragón con llamas de amor. EFT para niños con cáncer". Deborah Miller.*

**Libros de Biodescodificación y Bioneuroemoción (Enric Corbera, Christian Fleche y Salomon Sellam).*

**"La enfermedad como camino". Ruediger Dahlke.*

-Libros de Elizabeth Kubler-Ross.

1.16- GUÍAS PARA ENTENDER ENFERMEDADES

Existe material escrito por algunos de los más destacados terapeutas del enfoque holístico que se han dedicado a los aspectos de salud-enfermedad, sobre todo en un sentido psicoterapéutico y no convencional, polémico para algunos, y sin embargo tan útil para otros que consideramos que las investigaciones y experiencias de estos autores y terapeutas llenan huecos para tratar casos que la medicina y psicoterapia convencionales muchas veces no solucionan satisfactoriamente o no pueden agregar el factor emocional. Me refiero a diccionarios y guías útiles sobre el aspecto psicológico,

biológico (y a veces psicogenealógico o metafísico) sobre los síntomas, enfermedades y órganos de nuestro cuerpo, desde las obras de Christian Fleche, Louise Hay, Nana Schnake, Enric Corbera, Joman Romero, Alejandro Jodorowsky, Jacques Martel, entre otros.

Ya han pasado varias décadas de la clásica guía metafísica de Louise Hay en "*Tú puedes sanar tu cuerpo*", donde nos orienta sobre enfermedades y síntomas.

Por cierto, hace pocos años ella, en coautoría con Mona Lisa Schulz, publicaron un libro ("*Todo está bien*") donde ahondan en alternativas de tratamiento holístico para algunas de las enfermedades que señalan en la guía.

Importante mencionar que las guías recomendadas no sustituyen ninguna atención médica, más bien la complementan. Porque una enfermedad tiene causas multifactoriales, por lo tanto, así tiene que ser su sanación: multifactorial, es decir, tomando en cuenta lo biológico, psicológico, psicogenealógico, social, espiritual, etcétera.

Sería tonto aferrarse a un solo enfoque e ignorar los demás. Ya no estamos en los tiempos de cerrazón en que cada enfoque proclamaba ser el único que podría abordar TOTALMENTE una enfermedad, aunque todavía hay algunos, que cada quien se ponga el chaleco si es que le queda...el sombrero está en el aire para quien lo quiera tomar...

Así que, que quede claro, no estoy recomendando fanatismo para estas guías.

Sugiero se aborden de manera multifactorial, con la participación de varios especialistas, y en el caso de los terapeutas, se podrán dar cuenta que pueden complementar su enfoque o adaptar estas guías a su particular enfoque.

Parafraseando a Adriana 'Nana' Schnake, es importante enfatizar que cada caso terapéutico es personal y que más allá de cualquier guía, por muy interesantes y valiosas que sean (incluso éstas) siempre hay que tener en cuenta lo que presenta la persona, en el ir y venir de los diálogos gestálticos o del enfoque terapéutico que se utilice, para no prejuiciarse y arruinar el abordaje.

LOS MENSAJES DE LOS DEDOS DE LA MANO.

Comenta Brigitte Champetier: Los dedos muestran los desórdenes en la relación con los demás. Lo que ocurre en cada dedo, o en combinación con otros, da una información muy precisa. Por ejemplo, un corte en el dedo corazón de la mano derecha significará: 'Tengo que cortar con mi pareja anterior o con mi amante'. Un dedo gordo haciendo pinza con el índice de la mano derecha: 'Tengo algo que resolver con mi pareja actual'.

Caso terapéutico que facilité: Una persona presenta transtorno de conversión por un gran coraje que hizo en un conflicto que tuvo con alguien más. Tiene doblados ("engarruñados") los dedos anular y meñique, como parte del transtorno. Durante la sesión le comento lo que se dice que representa cada dedo, y al platicarle de esos dos en especial se quiebra y empieza a llorar mencionando que sí, que él tenía el compromiso de.....(y ahí relata de lo que se da cuenta, para luego facilitarle la resignificación). Hubo más detalles antes y después, por ejemplo, la colaboración médica.

1.17- FIGURAS Y FONDOS

No nos engañemos, no se trata de combatir síntomas. Se trata de entender la estructura del témpano, donde en la parte visible estarían los síntomas y la voluntad; las máscaras y las lámparas; y en la parte no visible (la mayor parte, oculta) es donde reside lo inconsciente, la masa que cargamos encadenados, la sombra ignorada, el Ello, dirían los psicoanalistas.

Desde lo superficial entonces, nos deslizamos hacia las raíces. Las figuras que asoman no contienen el grueso de la realidad. En los fondos se esconde lo valioso que algunos saben buscar y encontrar.

Las cabezas que asoman no contienes el corazón ni el alma. A veces pudieran ser máscaras, títeres o rostros engañosos, bellos o no.

Vivimos en un mundo de figuras (cantantes, familia, placeres, etc.) y en los fondos están nuestras creencias, lo que verdaderamente rige nuestro pensar y actuar.

Vivimos en un mundo donde se suele ocultar el defecto, el error, la omisión, la pérdida, la falta, el delito, el fracaso. Un mundo de muchos fondos, sombras, sangre seca.

Vivimos en un mundo donde nos asombra, seduce y captura un sobre, un paquete, los disfraces, enmascarados, cirugía plástica, gimnasios, gafas, gorras, sombreros...y en el fondo las miradas que son las rendijas de pocos centímetros de algo más grande y auténtico.

En la figura está la sonrisa, en el fondo está detectar la autenticidad de esta.

Alguien dijo que para echar agua a un árbol hay que hacerlo en la raíz, no en la copa.

Nuestra sombra guarda tesoros que nuestra luz a veces olvida o teme.

Hay que integrar las figuras con los fondos, sacar a flote lo que hay en el fondo, valorar las figuras como una parte de la totalidad e integrar nuestra realidad de luz y sombra, de figura y fondo, con ambos hemisferios cerebrales.

Me considero un buzo de los fondos, para emerger y poder integrar esto con las figuras, para entonces tener una realidad más integrada.

A veces, en los fondos hay ancestros del consultante que es necesario reconocer, respetar y honrar.

A veces, en los lugares que visitamos, nos convendría pedir permiso a quien quiera que esté en esos fondos que no alcanzamos a ver, llamémosles como les queramos llamar o imaginar.

1.18- MI ESTILO DE TERAPIA

Después de que asistí a un Diplomado de Constelaciones Familiares y a una Maestría en Terapia Gestalt me di cuenta que no podía aplicar esos métodos exactamente igual que Hellinger, Perls o mis Maestros. opté por fluir y dejar que mi estilo fuera aflorando, tanto en las sesiones grupales como en las individuales.

A 13 años de distancia, observo que fui forjando un estilo plural y único, diferente a los fundadores de los enfoques señalados. aquí lo importante es que de preferencia se tenga la preparación en ambos enfoques, para poderlos integrar a tu estilo, ya que son enfoques tan profundos que sería muy difícil aplicarlos con puros libros, ya que se necesita experimentarlos y practicarlos. ¿qué más? en las constelaciones grupales o individuales se necesita creatividad, intuición y gran capacidad de observación. creatividad para valerte de materiales que tengas a la mano o que adquieras para facilitarte las constelaciones: monitos, fichas, sillas, cojines, mesa, etc. intuición para fluir con la sesión e ir acompañando acertadamente al paciente, incluyendo el apoyarse de alguna señal de verificación muscular, si es que se ha practicado alguna. La capacidad de observación se va dando con la práctica, Fritz Perls y Bert Hellinger han sido grandes observadores del lenguaje corporal de sus consultantes. a mí también me ha servido adentrarme en las profundidades que me muestran los expertos en lenguaje corporal, como Paul Ekman, Joe Navarro, entre otros, quienes te enseñan a observar con nuevos ojos a las personas, en este caso a nuestros pacientes. hay dos autores que según sé están formados en Gestalt y en Constelaciones Familiares, por lo que sus libros tienen esa influencia: Joan Garriga y Francisco Sánchez Gaveto.

1.19- LOS LIBROS DE AUTOAYUDA

Que arroje la primera roca quien no ha leído un libro de autoayuda y superación personal. Cuando hemos tenido momentos de crisis, depresión, curiosidad o desorientación, alguna vez hemos recurrido a leer lo que algún famoso escribe en un libro best seller, habiendo ido a beber ansiosamente de la fuente de un motivador.

Fuimos adolescentes, tuvimos grandes crisis, desconocíamos lo que realmente era la Psicología y la Terapia, y en ese tránsito de conocer y aprender nos encontramos con esta clase de libros, de los que algunos reniegan y sin embargo esos han comprado más de alguno.

Buscamos ahí una inspiración, una idea que ponga en marcha el motor de nuestras acciones hacia el éxito, rumbo a un cambio de lo que no nos ha funcionado.

Y suceden modas, que tal autor está teniendo super ventas con x libro, que tal libro está buenísimo, dicen otros.

Después, vamos madurando y dependiendo cada vez menos de esos libros, o por lo menos los leemos con otros objetivos y con otros ojos.

Si analizamos fríamente ese tipo de libros nos daremos cuenta que coinciden en algo: el problema y la solución está en mí, en ti, en uno mismo, pues. De ahí parte todo lo demás. Los autores buscan motivarte a través de historias reales o fantásticas, metáforas, cuentos, anécdotas, frases. La meta es que te pongas manos a la obra, que dejes el librito y apliques sus sugerencias y consejos.

Cuidado con la dependencia a estos libros, o el leerlos sin aplicarlos. Le comentaba a un consultante que no importa la cantidad de libros leídos sino lo que se aplica, así sea lo de media página o lo de una frase. Es más, hay palabras tan poderosas que valen más que muchos libros, qué tal si aplicas y practicas la palabra Amor, Altruismo, Autoestima, etc.

En un principio, casi todos iniciamos y nos vamos formando imitando a otros, sean maestros, motivadores, autores, entre otros, para después tener nuestro estilo y nuestra manera de automotivarnos, de ser autosuficientes, hasta cierto punto, porque cualquiera necesitaremos de otros en algunos momentos que ocupemos espejos, limpiarnos o superar alguna dificultad donde no podemos hacerlo en solitario.

No vale la pena coleccionar tantos libros de autoayuda, a veces con uno es suficiente, si estás en el momento correcto y en tu decisión de emprender un cambio, de la mente a lo físico, pasando por el corazón y desde el fondo de tu alma.

Recordar que ningún libro reemplaza la ayuda terapéutica o espiritual de un facilitador.

1.20- INTUICIÓN Y DIÁLOGO CON EL INCONSCIENTE.

El método fenomenológico está fundamentado en la intuición sobre el mundo exterior, aunado al mundo interior, como un puente entre las riberas objetiva y subjetiva. Mientras que el método introspectivo es subjetivo y se basa en sensaciones, sentimientos, fantasías e imágenes.

Cuando un conflicto o preocupación me abruma, recurro a buscar señales en el test muscular, en el tarot, en los sueños, en la numerología, en mi pecho y corazón, en lo que se me atraviese o vea en esos momentos, en una mariposa o en un colibrí, en un tropiezo o accidente, en detalles que facilitan o complican los trámites o compras, etcétera.

¿Que tienen en común Bert Hellinger, Fritz Perls, Alejandro Jodorowsky y Milton Erickson? Entre otras cosas, que tenían o tienen apertura fenomenológica, eran/son agudos sensitivos (observadores y escuchas) e intuían sobre lo que mostraba o estaba detrás de la fachada del paciente.

Intuición y chequeo del inconsciente.

La intuición proviene del inconsciente y es implícita y rápida, muchas veces no se puede verbalizar un argumento. No cualquiera la capta cuando surge ni todos la hacen consciente o saben aprovecharse de ella.

La consteladora Brigitte Champetier llama chequeo interno al diálogo que se tiene con el inconsciente para saber su respuesta. Por ejemplo, nos dice que para responder 'sí' se expanden o aligeran los pulmones o el diafragma, también se hacen fuertes los músculos; y cuando la respuesta es 'no', algo se aprieta, se debilita o se cierra en nuestro cuerpo, con sensación desagradable.

Continúa Champetier: "Una vez centrado, el constelador necesita reconocer la intuición, la voz del movimiento del espíritu para distinguirla de las proyecciones y fantasías prepotentes que frecuentemente nos vienen del ego…".

Champetier también sugiere se establezca un código de diálogo con nuestro guía inconsciente, por ejemplo a través de una sensación que signifique no y una sensación para el sí, las cuales se establecen practicando previamente y que surgirán entonces. Otra de las maneras que sugiere es usar la verificación muscular kinestésica. Para mayores detalles, leer su libro "Empezando a Constelar".

Intuición y sensaciones en el cuerpo.

hay que practicar el escuchar a nuestro cuerpo. Estando atento a las señales que nos da y que están relacionadas con algo que nos está sucediendo o nos sucederá. Me refiero a señales como escalofríos, picor en alguna mano, presión en el pecho, dolor en estómago, entre otros. Con la experiencia nos tiene que quedar clara la relación que hay entre estas -u otras- señales con algún suceso positivo o negativo que está sucediendo o está por suceder, hacia nosotros o hacia un ser querido.

En este momento recuerdo que se hizo un experimento donde una coneja estaba en un submarino bajo el mar. A varios kilómetros de distancia y sobre el nivel del mar matan a su conejo cría y a la mamá coneja (con aparatos) le detectan reacciones en ese preciso momento. Lo que pasa es que recordemos que según los cuánticos estamos interconectados, sin importar la distancia, y es mayor la conexión cuando es mayor el afecto o la familiaridad.

Cuando una persona tiene una sensación agradable o desagradable, posterior y relacionada a una intuición "positiva" (ligereza, paz, serenidad, bienestar indescriptible u otra) o "negativa" (dolor, picazón, ruido intestinal u otra), esto se mancomuna con los chakras existentes en esas zonas. Señalemos las zonas más frecuentes donde sentimos estas sensaciones:

*Zona bajo el ombligo: A una distancia de 4 ó 5 centímetros del ombligo está el segundo chakra, también llamada chakra sacro o Punto Hara del equilibrio según los japoneses, y relacionado también a los instintos.

*Zona arriba del ombligo: A una distancia de 3 ó 4 centímetros del ombligo está el tercer chakra, también llamado plexo solar, muy importante en la resonancia de las emociones.

*Zona del corazón: Aquí se encuentra el cuarto chakra, también llamado cardíaco, asociado con aspectos como compasión, amor espiritual e intuición sensitiva.

*Zona del entrecejo: Se encuentra ahí el sexto chakra, el Tercer Ojo, vórtice de energía donde se estimula el desarrollo de la intuición clarividente, en conexión al Campo Fuente o divino.

Intuición y señales.
Dice Laura Rivas que siendo perceptivos y observadores podemos captar señales buenas y malas, así como encontrar mensa-

jes en los sueños que tengamos.

Respecto a las señales, cada persona tiene que descubrir su propio código.

También, no hay que olvidar que existe un inconsciente colectivo, lo cual aplica tanto para señales como para sueños, aunque será la personalización de la señal o el sueño lo que nos dará el mensaje real. Por eso, cualquier guía de sueños y señales hay que tomarla con precaución. Además de que hay que saber entender significados esotéricos y significados proyectivos.

Por ejemplo, para mí es buena señal ver mariposas blancas, si veo un colibrí significa sacrificio. Haber visto pájaros negros en mi jardinera se ha relacionado con hechos funestos en mi familia. Y así, ha habido más señales, "buenas" y "malas". Más ejemplos personales en los que por experiencias previas he llegado a comprobar: Cuando me da picazón en la mano izquierda es porque pagaré dinero muy pronto; picazón en la mano derecha es porque pronto recibiré dinero.

Cuando tengo un paciente en sesión y yo salivo más de lo normal es porque dicha persona viene muy "cargada" de problemas. Cuando en la Institución que laboro siento una extraña incomodidad corporal y ansiedad mayor a lo normal es porque pronto me llamarán para involucrarme en una situación conflictiva, generalmente por la 'mala leche' de algún/a compañero/a.

Además, como parte de las señales podemos considerar instrumentos como el Tarot, la numerología, la interpretación de sueños, entre otras que nos ayudan a intuir, como las "casualidades" o sincronicidades, y situaciones que se salen de la rutina o de la lógica, sobre lo cual hay innumerables libros y cursos, tanto a nivel académico como exotérico y esotérico.

Después de la intuición.

La intuición no es efectiva el 100% de las veces, como no lo hace la verificación muscular ni las intuiciones psicoterapéuticas o empresariales. Por lo que es importante pulir y profundizar una intuición con el razonamiento o la creatividad. Así les ha funcionado a científicos, empresarios, terapeutas, entre otros.

Leticia Montoya Carrasco nos dice que las intuiciones nos sirven para: 1) Detectar oportunidades, 2) Tomar decisiones acertadas, 3) Encontrar soluciones creativas a los problemas, 4) Saber lo que sentimos en un momento dado, y 5) Sintonizar con los demás.

Recomienda David Topí: "Formula preguntas: la intuición siempre está a nuestro servicio y es posible hacerle todo tipo de preguntas. Eso sí, las cuestiones han de ser concretas o la respuesta se podría interpretar de varias maneras. Interpreta los mensajes: para descifrar el significado de tus impresiones, analízalas detenidamente. Busca similitudes entre las palabras y pregúntate qué quieren decir para ti. Utiliza la asociación de ideas. Si la intuición se ha manifestado mediante imágenes o símbolos, como ocurre en los ejercicios de visualización, entonces intenta averiguar qué significan éstos para ti, o conviértete en el propio símbolo para ver qué sientes así. La intuición, como todo, requiere entrenamiento y práctica. En realidad, sólo requiere que se le preste atención y se actúe según su consejo, pues ello refuerza el hábito de escucharnos a nosotros mismos a un nivel más interno y más inconsciente donde existen respuestas y conocimientos que no tenemos a nuestra disposición en la mente agitada de nuestras horas de vigilia".

-Hacer caso de la intuición y responder con preparación, haciendo lo necesario para que ese aviso nos permita ganar tiempo, trátese de una solución, diagnóstico o predicción.

Conclusión

Valorada más en las filosofías orientales que en las occidentales, la intuición es como una estrella fugaz que la podemos cristalizar en un diamante que hay que saber pulir y descifrar. Sin el ego, estando conectados con nuestro interior.

A mi juicio, el mejor libro que he leído y aplicado parcialmente es el de Laura Day "La Intuición Eficaz", donde esta autora te transmite sus experiencias como experta intuitiva y nos brinda varios ejercicios con los cuales podemos desarrollar más la intuición, que todos tenemos en menor o mayor grado.

Es obvio que quienes valoramos la intuición nos sirvamos de esta para aplicarla en nuestra vida personal y también cuando facilitamos psicoterapia.

Para que esto pase intervienen varios elementos:

1.-Así como en otras condiciones, hay personas que nacen con una predisposición o mayor facilidad para intuir, por ejemplo, las mujeres suelen ser más intuitivas.

2.-La preparación espiritual, esotérica y psicoterapéutica (de cualquier tipo) desarrolla en algún grado la intuición. Digo en algún grado, porque dependerá del tipo de práctica, perseverancia y disciplina que tenga cada persona.

3.-El método fenomenológico, usado por gestaltistas, consteladores, existencialistas, entre otros terapeutas, al valerse de la intuición como una de sus herramientas básicas, la valoran y la desarrollan en su práctica; a mayor práctica, mayor intuición valiosa.

4.-Eliminar o disminuir egos (defectos psicológicos) contribuye a quitar el "ruido" de distracciones racionales o superficiales. Esto se logra con las particulares prácticas espirituales/religiosas.

5.-Autoobservarse constantemente, viviendo el aquí y ahora, prestando atención más profunda a lo que sentimos, pensamos, ensoñamos y soñamos. De ahí surgirán serendipias científicas, innovaciones terapéuticas, realizaciones personales, orientación vocacional, etc.

6.- Hay que desarrollar más el hemisferio cerebral derecho, a través de prácticas de meditación, oración, artes, relajación, terapias, identificación y expresión de emociones, expresión corporal, creatividad, dibujos, autoobservación para 'escuchar' el cuerpo y los sueños, tener mente abierta yendo más allá de los racionalismos dogmáticos y dualistas.

1.21- DIOS Y SANTA MUERTE EN FARMACODEPENDIENTES

Admiro a los Alcohólicos Anónimos, mi padre David ha estado

ahí muchos años, sin embargo, hay algunas cosas que no comparto de ese modelo, por ejemplo, cuando les dicen que por siempre serán alcohólicos (o drogadictos) enfermos, y que se estén repitiendo esto cada vez en su mente. Eso genera que estén decretando su alcoholismo. Como yo prefiero lo del "aquí y ahora", para mí alguien de ellos no es alcohólico en este momento, lo fue en su pasado (hace unas horas, días o años), y hoy no lo es, mañana quién sabe. Prefiero una visión del presente, optimista, abierta al cambio y no una visión pesimista de que "ya se fregaron de por vida". Y esto aplica en la farmacodependencia o drogadicción, si les obligan a que acepten que son drogadictos de por vida pues, caray, nomás faltaría que les den una soga y que la película ya se acabó. Cuestión de modelos, cuestión de enfoques, cuestión de rematar o dar esperanza al caído, algunos dirán: "es que así es el modelo imperante"...¿y? tengo derecho a cuestionar lo imperante, sobre todo cuando lo hago de la mano de la experiencia de haber tratado a cientos de personas que fueron drogadictas, algunas que ya no lo son y algunas que recayeron. El psicólogo colombiano William Sierra, Especialista en Comunidades Terapéuticas y actual Director de Fundación Hogares Claret de Medellín, Colombia, prefiere el término "Adicto en Recuperación", de hecho así se cataloga cuando se presenta. Este término me parece más moderado, porque cuando alguien introyecta creencias del tipo de "no valgo nada, soy un drogadicto por siempre", pues está difícil que avance.

Por otra parte, me decía una persona privada de su libertad que, cuando se decidió mencionarle a un facilitador de AA (Alcohólicos Anónimos) su deseo de cumplir los 12 pasos, este le respondió: "Por lo que ya hemos platicado antes, te diré que primero te tienes que decidir cuál será tu Ser Superior prioritario, porque me dices que crees en La Santa Muerte y en Dios, pero decídete por uno de los dos, si no, esto no funcionará". Y que entonces se decidió por Dios (Cristo, en su caso) y desde entonces dejó de rendirle culto a La Santa Muerte.

Ah, y el mismo facilitador le aseguró: "y tienes que saber que es peligroso dejar de rendirle culto a La Santa Muerte, tienes que hacer oraciones para que le agradezcas lo que te ayudó y entonces despedirte en buenos términos con ella, para evitar que te cobre a la mala".

En este momento recuerdo algunos casos psicoterapéuticos de varones que son o fueron adoradores de la Santa Muerte. Teniendo ellos como punto en común rencor o conflictos con su padre, y rechazo a Dios (arquetipo masculino). Una vez que asistieron a varias sesiones grupales e individuales, algunos de ellos se reconciliaron con Dios después de haberse reconciliado con sus respectivos padres.

Otro caso interesante es de un adulto de 22 años que adoraba a la Santa Muerte. Lo curioso es que este individuo estaba conflictuado con su madre desde que era niño. Después de varias sesiones psicoterapéuticas se dio cuenta que se refugió en el culto a la Santa Muerte porque ahí estaba buscando realmente a su madre.

1.22- AYER, HOY Y MAÑANA: LÍNEAS

-Hace poco, un amigo Psicólogo me solicitaba ideas para impactar a un grupo de trabajadores descontentos. Le respondí que checara las etapas del pasado, presente y futuro. En el pasado, para diagnosticar lo que había, se podría indagar, en parte, a través de configuraciones o constelaciones, además de ejercicios de silla vacía para hablarle a los trabajadores y funcionarios que ya no laboran y fueron importantes.

El presente es el pivote, el centro desde nos desplazamos a las temporalidades o dimensiones del pasado y del futuro.

El pasado tiene cadenas de conflictos, traumas y necesidades, y el eslabón que asoma lo tenemos en el presente.

Si intentamos adelantar inadecuadamente el futuro, nos generamos ansiedad, como llorar antes de que siquiera nos golpeen.

Adelantar el futuro de manera adecuada es transitar por él a través de un puente que se construye, por ejemplo, apoyándonos con la PNL, para visualizar los detalles que experimentaré en cada sistema de representación o submodalidades.

¿Conoces la línea de tiempo de tus consultantes?

Conocerla te permitirá facilitarle maniobrar en su vida, en los tres tiempos.

Es importante facilitar la integración en el consultante del triángulo de los tres tiempos: pasado, presente y futuro, porque están relacionados, y descuidar uno de ellos haría que quedara incompleto el proceso de integración.

El pasado es el por qué. El presente es el qué y cómo. El futuro es el para qué.

1.23- DE NOVEDADES EN SUEÑOS

Hay pacientes (consultantes o terapeandos) con los que me fluye la creatividad en la sinergia que surge. Por ejemplo, estando con uno de ellos y abordando el tema de los sueños me fluyeron 4 ideas interesantes, las cuales se las facilité y contribuyeron a su darse cuenta:

1.- Tomando la pared frente a él como una pantalla gigante, puso en esta la imagen de la escena de un sueño que le estaba intrigando su significado.

Entonces me señaló la ubicación de cada elemento en la "pantalla", le pregunté qué elemento quería observar primeramente, contestó que el cocodrilo, se concentró en observar el cocodrilo y se dio cuenta de varias cosas, las cuales resignificó.

2.-Tomando la pared frente a él como una pantalla gigante, puso en esta en marcha un sueño del quería encontrar un mensaje o significado. Le dije que hiciera movimientos oculares recorriendo la periferia de la "pantalla", además de realizar "barridos" verticales, horizontales y diagonales a lo largo y ancho de la pantalla. Se dio cuenta de algo y lo resignificó.

3.-Cuando mencionó que su abuela tenía el mismo nombre que él, aunque en femenino, se me ocurrió que tomara la pared frente a él como una pantalla y que ahí observara a su abuela tal como la recordaba. Lo hizo, y en la retroalimentación comentó que a su lado derecho vio venir a su abuela, dialogaron y se despidieron. Resignificó esto.

4.-Con los ojos cerrados, se imaginó que en su pantalla mental oscura seguía una luz en movimientos rectangulares, verticales, horizontales y diagonales. Se dio cuenta de algo (relacionado con un sueño) y lo resignificó.

Siguiendo con el tema del sueño, tengo una suegra que es narcoléptica, es decir, que involuntariamente se duerme en ocasiones. Precisamente ocurrió que se durmiera en dos ocasiones que le estaba facilitando terapia. Previo acuerdo con ella y mi esposa, continué platicándole una historia sobre el tema que se estaba tratando (manejo del estrés), además de que mi pareja le aplicaba con sus manos estimulaciones alternadas (bilaterales) en los hombros. Por cierto, he tenido dos docentes narcolépticos, uno en la Facultad de Psicología y otro en la Maestría en Terapia Gestalt.

Durante algunos años, estuvo colaborando con la Institución que trabajo últimamente (Centro de Reinserción Social de Manzanillo) un Psiquiatra llamado Celestino Núñez, muy capaz y observador. Dándome cuenta que casi a todos sus pacientes les preguntaba sobre la calidad de su sueño y de cómo pasaban la noche, le pregunté que para qué lo hacía. Me dijo que esa es una de las maneras en que él se da cuenta del tipo de transtorno que tiene el paciente, y que esto lo ha ido perfeccionando con los años.

En un caso donde el consultante me contó su sueño, le insté a que la escena principal del sueño la visualizara en la pared que tenía enfrente (en el consultorio). Visualizó a su abuela a su derecha y dialogó con ella, le hizo figura que ella le contó lo similares que son en cuanto a carácter fuerte y en lo concerniente a compartir las mismas creencias espirituales. Cabe mencionar que, en algunos momentos, a través de pelotitas apliqué estimulación bilateral (alternada) en sus hombros, y en otros momentos con mis manos hice sonidos bilaterales en el escritorio y en la pared.

1.24- POEMA A FRITZ PERLS

Fritz asesinó al 'pero'
clavándole la 'y' aquí y ahora,
ya no es el 'aquí pero ahora'.

Moderó una pelea de canes,
eterna y para trascenderla,
entre piruetas de yoyos,
sus yoes y los yoes de otros,
dejó perlas en medio de dos sillas.

La Parca del páncreas se lo llevó,
su 'fantasma' ronda a varios terapeutas,
quienes lo presienten en una silla vacía,
y desde ahí no habla porque no le interesa
ni el espiritismo ni los trucos espectaculares.

Se convirtió en referencia histórica en la terapia,
disfrutó, discutió, integró, trascendió, existió con éxito,
experimentó, in 1970 exit al rip
dicen que con Fritz había fricción,
acción y mensajes existenciales,
personales, cada corazón en su ostión,
cada personalidad resonando entre cuerpos
percibiendo la figura del ego,
fotografiada por el terapeuta-fotógrafo,
fenómeno luego movido a su polaridad,
removido entre tripas para transformarlo.

La mascota de Frederick era su perro under-dog,
sus instrumentos eran sus ojos y su voz,
aplausos a la luz de su lámpara que nos guía,
halagos al trabajador y a su obra,

admiro su legado, no sus egos lejanos,
su tarro ha sido multiplicado y sumado,
en este se han reciclado nuestras basuras
para obtener células vivas de paz.

1.25- METÁFORAS Y ANALOGÍAS:

Es importante contextualizar las metáforas al tipo de persona con la que estamos tratando. No es lo mismo tratar con un chofer de unidades de carga pesada, que con un deportista.

Hay que asegurarse de retomar metáforas o historias que tengan sentido para el inconsciente de la persona que tenemos enfrente.

Milton Erickson le platicaba a algunos de sus pacientes sobre las dificultades de ellos para aprender a leer, obviamente porque esos pacientes habían pasado por esos grados escolares. Y no tendría sentido para el que no ha vivido esa experiencia.

A pregunta expresa de mí, me respondió así una profesora de inglés, en nivel Licenciatura: Si tú escuchas palabras en inglés sin darles un sentido o un contexto que conozcas, entonces no te va a servir de nada.

Comentaba un psiquiatra-terapeuta, que no importa si la historia que le cuentas al paciente es falsa o verdadera, lo que importa es que sirva para los propósitos que la estás contando y contribuya a facilitar la terapia.

Tomar en cuenta los símbolos que utiliza el paciente para describir su dificultad. Por ejemplo, "Le tengo miedo a mi papá, porque grita como si fuera un león". Los símbolos pueden, más adelante, utilizarse en otros sentidos, por ejemplo: "Todos los leones son de papel", o "El león cree que todos son de su condición", etc.

-La llegada del camión. Un camión llegará a la parada del bus a la hora que tiene que llegar, no a la hora que queramos nosotros, aunque hagamos rabietas o digamos insultos al aire.

-El actuar de un mesero. Un mesero es amable, educado, servicial, se le capacita para no juzgar, no burlarse, no insultar, no discutir, no pelear.

-La olla express. Si no existiera la válvula que regula la presión de esta olla, explotaría. ¿Cuáles son tus válvulas para no explotar? Conozco de un facilitador que acostumbra contar esta metáfora a su manera, además de mostrar una olla express a escala.

-Las olas del mar. Para ejemplificar que los problemas en pareja (o en cualquier lugar) son continuos.

-La pareja es una moneda. La moneda tiene dos caras, si no, no sería moneda. La pareja es de dos, no de uno.

-La esponja. Tener una esponja en la mano y comentar de qué manera vamos adquiriendo creencias y aprendizajes desde niños, apoyarse con algún líquido.

-Manejar un vehículo donde hay otros vehículos. No basta con que tú hagas tu parte que te toca, también es necesario que tomes en cuenta a los demás. Con lo tuyo en orden no garantizas que no te pase un accidente.

-La mesa del cambio para los farmacodependientes. En pocas palabras, para que un farmacodependiente cambie significativamente, a mediano o largo plazo, necesita tomar en cuenta las 4 patas de una mesa: 1.-Trabajo legal, 2.-Relaciones Familiares, 3.-Practicar Creencias espirituales/religiosas, y 4.-Practicar válvulas terapéuticas (Terapia y/o Grupos de Autoayuda) y de entretenimiento constructivo.

-Partido de fútbol soccer. Aprovechando que durante unos 10 años practiqué este deporte en varios equipos en ligas de aficionados, se me facilita retomar aspectos que ahí suceden, como lo son: concentrarse más en el partido y no engancharse con el árbitro. Hay equipos que han ganado partidos en el último minuto. Se puede jugar fuerte, sin llegar a cometer falta. Esta analogía la he usado para ilustrar conflictos con figuras de autoridad.

-En ocasiones, hay que retomar la metáfora, comparación o analogía que nos está narrando el consultante. Por ejemplo, una vez que le escuché decir a mi consultante que sentía que "nomás le estoy dando vueltas al asunto", le sugerí darle vueltas a una planta que tenía cerca de mí, en una maceta.

Me ha sucedido algunas pocas veces que, cuando he intentado usar metáforas, analogías o comparaciones, el consultante ha expresado que no hay ningún cambio en su mente o en sus emociones. Por ejemplo, una vez pasó que un adulto me dijo: "por más que bombardeo mis moldes negativos, no pasa nada, todo sigue igual". Por lo que en esos casos intento variar las metáforas o simplemente retomarla en otro momento o sesión.

1.26- BREVIARIO PARA BEBER.

A.-¿Cuántas veces has puesto tu atención en el ojo emocional (ojo izquierdo) del consultante?

B.-Suelo utilizar la sinergia para que actúen diversas energías de estimulaciones bilaterales, simultáneas, en conjunto o no con tapping de acupuntura emocional. Aquí el consultante actúa junto con el facilitador.

¿Exactamente cómo? Depende de lo que intuimos y de la mirada fenomenológica.

C-¿Has reflexionado que la postura de orar con las manos juntas contribuye a la integración?

D.-¿Has intentado facilitar que el consultante estimule bilateralmente sus miradas periféricas a través de tapping en rodillas o con abrazo mariposa?

E.-¿Practicas el prescribir tareas / actos terapéuticos al consultante para que los realice en el exterior?.

F.-"Decidí viajar a todas las casas, lugares y países en donde mi familia había sufrido, para verter miel frente a cada puerta, cada ruina o cada tumba de mis antepasados y, con ese fino hilo de miel, escribir palabras como amor, reconciliación, belleza, respeto felicidad, armonía y espiritualidad. Cristóbal Jodorowsky.

G.-Eva Madelung y Barbara Innecken, en su excelente libro "Nuestras Imágenes Internas", recomiendan que el consultante dibuje o realice una actividad con su mano izquierda, para estimular su hemisferio derecho.

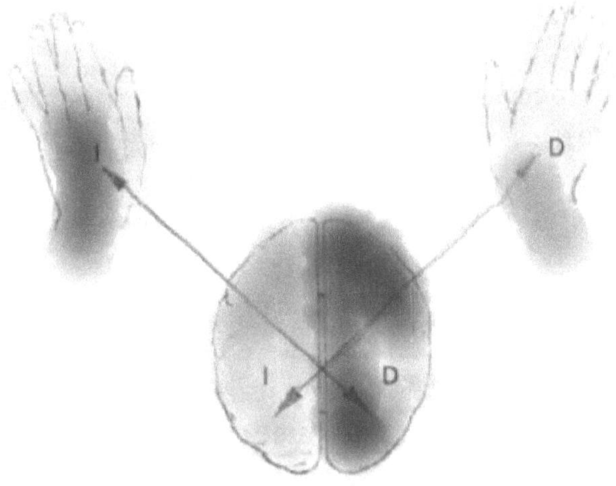

El cruce de conexiones entre la mano derecha y el hemisferio izquierdo, y la mano izquierda y el hemisferio derecho.

H.-Se ha investigado que el hemisferio izquierdo guarda los recursos; y el hemisferio derecho contiene los traumas y defectos. Para sanar, se necesita trabajar con los dos.

I.-Se pueden constelar drogas, Instituciones, países, mascotas, personas, ciudades, egos, etcétera.

J.-Se puede trabajar en terapia el trayecto hígado (instintos), corazón (sentimientos) y cerebro (intelecto), como divisiones y luego integrarlos, con movimientos, con las manos, con visualizaciones, con anclajes, con ejemplos.

1.27- EL PERDÓN Y LA DISCULPA INADECUADOS

¿Dañaste a una persona? Meta: Ofrecer una disculpa.
¿Una persona te dañó? Meta: Perdonarla.

¿Qué hay en el sendero a recorrer para lo anterior? El autoperdón y las etapas de negación, enojo, negociación, tristeza y aceptación.

¿Se podría agregar otra etapa? Sí, Alejandro Jodorowsky defiende la importancia de Reparar los daños que hice o que recibí. Esta reparación puede ser de diversas formas: con algún acto psicomágico, económica, con enseñanza, sacrificios, obsequios, compromisos, entre otras alternativas. Hay que reparar con dinero, con afecto, con tiempo, con paciencia, con regalos, con cumplir promesas y responsabilidades, con reparaciones como padre, como hijo, como hermano, como jefe, como subordinado, como abuelo, con actos altruistas, con civilidad y educación, con ser mejor persona, con arrepentimiento.

¿Hacia quién va dirigida la reparación? En intención, hacia quien dañé. Si físicamente no puedo reparar directamente con esa persona (porque me expongo a insultos, demandas o indiferencia), entonces lo puedo hacer ante alguien cercano a esa persona, y en último caso ante un extraño.

En los Doce Pasos de los Alcohólicos Anónimos, el Octavo Paso dice:

"Hicimos una lista de todas aquellas personas a quienes habíamos ofendido y estuvimos dispuestos a reparar el daño que les causamos".

Maneras inadecuadas de perdonar: "Para que veas que soy buena persona, te perdono, pues", "Te perdono si me das dinero", "Te perdono si me lo pides hincado". Esto nos indica que la persona que cree perdonar, aún le falta trabajo emocional, recorrer las etapas del perdón y tomar conciencia.

Maneras adecuadas de perdonar: "Te perdono", "Acepto tu disculpa (Si el otro se disculpó)", "Te otorgo mi perdón, sigamos adelante". Se perdona al otro después de que se ha caminado entre lágrimas, frustraciones, tristezas y dolor, en la conclusión de que es necesario hacer a un lado el ego para mirar al otro en su ser y no en lo negativo que nos hizo.

Maneras inadecuadas de ofrecer una disculpa: "¿Me disculpas?", "¿Me perdonas?", "Te pido perdón", "Te pido me perdones, por favor".

Esto nos pone en una posición inferior, el otro tiene el sartén en su mano, y le estamos dando todo el poder a la otra persona, la cual puede atreverse a decirnos que no nos perdonará porque no le interesa hacerlo o porque sigue enojada. Por eso, es una manera inadecuada y espinosa de intentarlo.

Maneras adecuadas de ofrecer una disculpa: "Lo lamento", "Lo siento", "Te ofrezco una disculpa", "Me disculpo contigo". Ofrecer una disculpa es quitarnos la culpa que sentimos, aunque más bien sería aceptar la responsabilidad de nuestra falta y reconocerla ante el otro.

El perdón y la disculpa son trabajos individuales, no egoísmos interminables.

Si la otra persona implicada no lo trabaja emocionalmente y tú sí, cada quien en lo suyo, cada quien en su conciencia y en su trayecto hacia adelante o en el congelamiento.

Los daños no se olvidan, aún así, se pueden transformar. Si no puedes quitar la montaña, la puedes transformar en su vegetación, construir carreteras, sembrar, extraer algún mineral.

La transformación se verifica en el pensamiento (creencias), sentimiento y sensaciones. Que su perspectiva y lo que siente sobre el perdonar o al ofrecer disculpas sean congruentes, sin rencor, sufrimiento, regateos, sarcasmos o condiciones. Atentos a la sintonía del lenguaje verbal (oral o escrito), no-verbal (corporal) y paraverbal (matices de su voz o escritura).

Las maneras de perdonar u ofrecer una disculpa pueden ser visualizadas y guiadas en terapia, espiritualizadas o dichas ante la presencia física de la otra persona (destinataria o un representante constelado de esta).

2.- LA SESIÓN, EL COMBO Y EL REPORTE

*¿Qué sucede si imaginas que tu padre (o tu madre)
está detrás de ti, mientras estás sentado frente al paciente?
¿Cuántos ancestros deben estar dispuestos detrás de ti para que te
den fuerza?
¿Quién de tu sistema familiar podría darte consejos
o apoyo mientras estás frente al paciente?
¿Qué sucede si imaginas que el padre o madre del paciente está detrás
de él?
¿Quién lo fortalece y quién lo debilita?*
Ursula Franke

2.1- RAPPORT EFICAZ:

Advierte Richard Bandler: "Tú igualas y luego conduces. El solamente igualar *no* lo va a hacer.

Así que el proceso de rapport es importante pero no vamos a pasar mucho tiempo en él. Cualquier igualación que hagas debe ser probada lo más pronto posible y regularmente. Es como conducir tu automóvil. Conduces tu automóvil por la autopista. Te aseguras que está entre las líneas. ¿Después qué? ¿Te vas a dormir? No lo creo. Te aseguras de mantenerlo entre las líneas. Y haces ajustes.

Constantemente. Lo más importante a recordar es que, si se rompe el rapport, lo reestableces rápidamente -pase lo que pase. La mejor forma de mantener el rapport es que debes demostrar comprensión. Permíteme repetir eso:

DEMOSTRAR COMPRENSIÓN. Eso quiere decir conductualmente. Decir "entiendo" no es suficiente e incluso algunas veces puede funcionar en contra tuya porque podría ser insultante para el comprador. Demuestra comprensión conductualmente".

La creación del clima de confianza con el consultante en la sesión, se da a través de la igualación o sintonía de lo verbal (reflejando), paraverbal (reflejando) y no-verbal (espejeando) entre entrevistador-entrevistado.

Como la isopraxis o imitación de la postura de otra persona para lograr una mayor compatibilidad, es un tema cada vez más conocido por la gente, entonces se sugiere usar alternativas poco conocidas. Por ejemplo, el Espejeo Cruzado (donde el entrevistador mueve o se toca una parte del cuerpo, siendo esta del lateral opuesto a como lo hizo el entrevistado; o haciendo un movimiento o tocamiento similar (no igual) al que realizó el entrevistado.

Además, se puede lograr rapport imitando del consultante su respiración (localización corporal, velocidad, pausas, ritmo), movimientos oculares (dilatación de pupila, humedad, parpadeo, dirección de sus miradas), cualidades vocales (velocidad, volumen, timbre, tono, ritmo, énfasis), movimientos faciales, gestos y ademanes. En la calibración primeramente es el acoplar (rapport) y luego el liderar el cambio para guiarlo a otros estados emocionales, otras sensaciones, otras actitudes o simplemente desviarlo del estado inadecuado en que lo detectamos; y para esto podremos usar inducciones de trance, experimentos Gestalt o cambios de cualidades en los aspectos calibrados.

Bandler cuenta que, en una ocasión, un cliente líder de una corporación que creía saber todo de PNL, deliberadamente lo desigualaba en posturas corporales.

Por lo que entonces, Bandler optó por una estrategia secreta: igualar las cualidades vocales de él (velocidad, ritmo, inflexiones, etc.): y hablarles así a sus subordinados presentes. "Después de unos minutos, hice la revisión obligatoria de rapport: toqué mi mejilla y vi que él tocaba la suya con mi vista periférica.

Hice una pausa, giré y sonreí. Él rió y dijo: «Vaya, ¿cómo hiciste eso?".

Aunado a lo anterior, El Metamodelo de Bandler y Grinder, con sus 12 patrones de comunicación, se usa para establecer e interrumpir el rapport.

La terapeuta Cristina Tena decía: "Hay que estar *con* el paciente, no exactamente *como* el paciente". En la proximidad se incluye la pertinencia de saber acompañar al entrevistado en momentos de silencio, tensión, alegría, enojo, frustración, sorpresa, decepción, etc.

2.2.- MOTIVOS DE CONSULTA PARA RESOLVERSE A CORTO PLAZO Y A LARGO PLAZO.

Los traumas simples, fobias, duelos, se superan en pocas sesiones. Los motivos complejos, hábitos, personalidades, depresiones, se solucionan parcial o en gran parte a largo plazo (meses o años). Ninguna terapia es infalible ni abarca todo el espectro de soluciones, por eso es preferible estar abierto a usar varias alternativas de terapia (que se dominen). El terapeuta no es curandero para asegurar que curará en una sola sesión, eso sería irresponsable y un engaño. Y también hay que decir que algunas personas ya no regresan a una segunda sesión, independientemente si en la primera se sintieron igual o mejor de como estaban.

2.3.- FENÓMENOS EN EL CONSULTANTE Y EN MÍ COMO TERAPEUTA.

Cuando existe remoción de energía, suceden en el consultante: inusuales bostezos, estornudos, temblores, escupir, ganas de orinar o defecar, tics, picor en la piel, lagrimeos, ruidos corporales, sensación de estar soñando, entre otras, son señales de que está removiendo su energía emocional, son reacciones autógenas en el cuerpo.

Cuando me siento agotado o 'bloqueado', bebo agua, hago ejercicios de integración cerebral y ejercicios de tapping energético, para desbloquearme y volver a fluir.

Me he dado cuenta que cuando afronto consultantes con conflictos graves o relevantes, yo salivo y tengo que escupir.

2.4- LO DIDÁCTICO EN LA TERAPIA.

Jorge Bucay comenta que la terapia es importante el aspecto didáctico.

Coincido con él, por lo que además de la terapia, busco el aspecto reeducativo, la metáfora precisa que clarifique, el recurso o técnica que contribuya a su darse cuenta, a su toma de conciencia. Lo didáctico también va de la mano con lo humanista y lo humilde.

2.5-TODO PARA LA ASISTENCIA
Y LA CREATIVIDAD.

Cuando Van Dusen dice que todo lo que aparece en la escena del sueño es proyección, yo digo que todo lo que tengamos en el consultorio puede ser parte de los recursos para facilitar la terapia.

Escritorio: hago sonidos bilaterales, Laptop, computadora, celular: para música, canciones con voz o instrumentales, imágenes, videos, con texto o sin él.

Objetos. muñecos, monitos: Había un Maestro, cuya sesión cumbre era que llevaba diversos muñecos de tela y peluche, de unos 30 centímetros de altura, y pedía a los participantes en el grupo que eligieran a uno de esos muñecos y expusiera las características que veía en ese muñeco, además de virtudes y defectos. En efecto, al describir el muñeco se estaban proyectando a sí mismos.

Papeles: para dibujos proyectivos, frases, cartas, símbolos, listas, Pelotitas: para arrojarlas a la pared, para estimulación bilateral.

En el campo:

Un árbol: Su significado genealógico de sus ramas y raíces, así como la interconexión subterránea que tienen los árboles. También, el que los rayos de nubes son atraídos por los árboles, por lo que a veces no son el mejor refugio.

La tierra: Explorar el significado antiguo de la tierra, cuando se le consideraba como la madre, como un elemento interior purificador, conectar esto con la madre familiar.

El aire y el cielo: Explorar el significado antiguo del cielo, donde según "mora" Dios Padre, conectar esto con el padre familiar, con el salir hacia el exterior, hacia otros ambientes.

El sol: Lo necesario que es para nuestra vida, y lo peligroso que es si abusamos en exponernos en piel o en verlo. Que simboliza autoridad, como un guía.

En un salón:

Un pizarrón: Para anotar gráficas, palabras o listas.

Un televisor, proyector, reproductor, para videos o clips de películas.

2.6- SABER EN LAS PRIMERAS SESIONES

El motivo de la consulta que le hace figura al consultante, en sus palabras, y luego buscar el fondo de este.

Hacia dónde mira (cuadrante de su panorama) cuando expresa su trauma / conflicto / problema / necesidad.

Tipo de drogas que ha consumido o consume (¿Estimulantes, sedantes, alucinógenas o depresoras?). Lo que nos dará pautas a seguir para qué se droga.

¿Su atención representa algún peligro para nosotros, de manera directa de alguna agresión que nos hiciera, alguna autoagresión que se provocara, o que su pareja o algún familiar nos pudiera agredir? Para saber qué acciones preventivas elegir, desde tener un botiquín de primeros auxilios, estar acompañado por una tercera persona (familiar, enfermero, médico, etc.) o hasta decidir no exponer la integridad ante una persona que de alguna manera represente una amenaza.

La palabra *por qué* es válida que se use para obtener información general.

Sin embargo, la pregunta *para qué,* es para descubrir las *ganancias secundarias* del paciente, usándose principalmente en el proceso terapéutico. El cómo, es para entender el proceso de un conflicto o necesidad. El dónde, es para saber el contexto y el locus de control.

Claves psicogenealógicas, como el origen de su nombre, identificación o similitud con algún ancestro, características del linaje masculino de su padre y de su madre, abuelos y bisabuelos (si es hombre), o de su linaje femenino (si la consultante es mujer). Detectar cadenas de enfermedades, o eventos negativos que se repiten en dos o más generaciones.

Escuchar activamente al consultante, no oírlo. Poner la máxima atención e intención al verlo, al acompañarlo, al comprenderlo, al no juzgarlo.

¿Los sentimientos que expresa son primarios, secundarios o transgeneracionales?

Estar atentos a los fenómenos que han sucedido o suceden en cada lado corporal (enfermedades, cicatrices, accidentes, tics, anormalidades).

¿Qué es lo mejor y lo peor que le ha sucedido en su vida?

2.7- MEDIDAS DE PREVENCIÓN Y SEGURIDAD DEL PACIENTE.

Conocer o ayudarle a elegir al consultante el llamado "lugar seguro", que se refiere a que mentalmente tenga anclado (condicionado) la activación de un recuerdo donde esa persona se sienta segura, siendo principalmente un lugar que le proporciona confianza, relajación y/o seguridad, algunos seleccionan el recordar su casa, otros su habitación, una playa, estar en familia, etc. Esto para tenerlo presente y usarlo cuando durante la sesión se sienta abrumado, le parezca insostenible lo que está experimentando, o se sienta rebasado por alguna abreacción (descarga emocional intensa o dolorosa de algún recuerdo).

En cuanto a los inconvenientes o peligros que puedan surgir si aplicamos determinada actividad, experimento o técnica. Por ejemplo, una técnica de relajación / inducción hipnótica con el tema del mar será inconveniente si el paciente sufrió una experiencia traumática relacionada con que estuvo a punto de ahogarse en el mar. Otro ejemplo, si un paciente es claustrofóbico (miedo irracional a lugares cerrados) en él no será pertinente –o usar con mucha delicadeza- usar visualizaciones / experiencias en cines, temazcal, cerrar los ojos, habitación cerrada, etcétera. Con el fin de asegurar la mayor estabilidad emocional posible, el terapeuta deberá alentar a los pacientes a realizar los arreglos necesarios para la sesión en curso o para cuando ésta termine. Por ejemplo, muchos pacientes prefieren que (a) un ser amado los recoja después de la sesión, o (b) traigan consigo a la sesión un objeto especial –como un libro, un objeto religioso, un muñeco de peluche o un talismán para que les proporcione una mayor sensación de seguridad. No se aconseja traer mascotas, ya que pueden ocasionar interrupciones en el procesamiento, en especial si sienten que el paciente está sufriendo.

Generalmente, no conviene la presencia de otras personas durante la sesión de procesamiento debido a la posibilidad que el paciente se distraiga, que ocurra una ruptura terapéutica o que se presenten dinámicas que no ayuden al tratamiento.

2.8- CUANDO FINALIZA LA SESIÓN TERAPÉUTICA

Cuando realizamos uno o varios métodos de relajación, entramos en un estado alterado de conciencia, es decir, en una profunda respuesta de relajación, siendo muy similar al despertar matutino o al que se tiene después de la siesta de la tarde, del que es preferible despertarse progresivamente y suavemente en vez de rápida y bruscamente. Por estas razones, es preferible, si no nos ha interrumpido algún factor inesperado (el teléfono, otra persona, etc.), es obligatorio realizar los ejercicios de reactivación o también llamados de retroceso.

Entonces, se recomienda que se aumente el ritmo de la respiración, respirando más profundamente. Hay que estar conscientes de que está a punto de reactivarse y que lo hará ayudándose de simples ejercicios. Después, lentamente hay que empezar a mover los dedos de las manos y de los pies durante varios segundos, luego abrir y cerrar las manos, flexionar los brazos, mover delicadamente el cuello, por último, lo abrir los ojos cuando ya se sienta bien despierto. Me ha tocado ser testigo de que en algunas ocasiones en sesiones grupales o individuales, el consultante no despertaba después de las inducciones para que así lo hiciera, las indicaciones de los Maestros es que aún así no se le despierte bruscamente, que se les deje que despierten a su ritmo, no es nada grave que suceda, siempre y cuando se cercioren que no hay anormalidades en su respiración o movimientos.

2.9- EL ESCRITORIO Y LOS PIES

Dice Joe Navarro, ex agente del FBI y experto en lenguaje corporal, que los pies son la parte más sincera del cuerpo, por lo que es conveniente que de un paciente o entrevistado los tengamos a la vista.

En mi oficina de consulta yo tengo el escritorio a un lado de mí, de manera paralela. Con esto cumplo varios propósitos, como lograr mayor confianza con el consultante, y también para que no me estorbe dicha estructura en ejercicios psicoterapéuticos, lo que me permite observar mejor al paciente, como el lenguaje corporal de sus extremidades inferiores.

2.10- EL COSTO DE LA TERAPIA

Para facilitar el pago de una consulta al cliente, se me ocurre el que se pueda realizar una o más de las siguientes estrategias:
-Aunque se tenga un costo fijo por sesión, se puede hacer excepciones con gente de escasos recursos, para no repetir la discriminación y elitismo de algunos terapeutas que conozco, cuyas terapias se vuelven solamente "para el que tenga dinero".
-Elaborar creativamente una tómbola o recipiente donde se coloquen fichas (de cartón, fomi, plástico, tela u otro material) que estén rotuladas con descuentos del 100%, 50%, 30% u otro, respecto al costo de la sesión.
-Dedicar un día semanal, quincenal o mensual en el que se

ofrezca gratuitamente o un descuento al costo de la sesión. El día elegido puede ser determinado y conocido por los pacientes, improvisado o elegido con pocos días de anticipación.

-No recomiendo fiar la totalidad el costo de la consulta. Aunque sí vale la pena probar el pago en abonos, sobre todo en clientes que estén apuros económicos.

-Por otra parte, en casos de catástrofes, hay que plantearse el ayudar a la gente, ya sea de nuestro barrio, colonia, localidad o de alguna localidad a la que podamos acudir, de preferencia acompañados por otros colegas.

-Y aunque no haya catástrofes, de hecho hay mucha gente que necesita ayuda, en rancherías (zonas rurales), colonias marginadas y a veces en la propia colonia en que habitamos. Obvio que siempre hay que cuidar los aspectos de seguridad propia para evitar asaltos o robos. ¿Qué hacer ante esto? No se trata de quedarse siempre enclaustrado en la casa pretextando que las cosas están feas y peligrosas afuera. Lo que yo he hecho es ir acompañado de otros, además de protegerme espiritual y energéticamente, como ya lo he comentado en otro lugar de este Grupo; incluso, los que hemos ido hacemos cadenas espirituales para protegernos. En estos tiempos, ya casi cualquier localidad o colonia representa un riego para nuestra seguridad. Y hay que documentarse de las experiencias y directrices que han comentado los expertos en EMDR y otros enfoques en libros y artículos de intervención en crisis.

2.11- LAS VACAS SAGRADAS.

Al momento de estar ante un paciente, no dejo que se interponga ninguna vaca sagrada de la Terapia, para que no me tape la visión del fenómeno. Este asunto es solamente entre el paciente y yo, nada más. Ya después me retroalimentaré o inspiraré con mis vacas sagradas favoritas (Fritz Perls, Bert Hellinger, Richard Bandler, y un largo etcétera) o con los becerros sagrados (los que aprendieron de las vacas). Por eso digo que yo no facilito terapia como Perls ni constelo como Hellinger, no imito a Bandler ni a Shapiro. Los respeto al no imitarlos, lo que a su vez hace que me respete yo mismo y mis capacidades.

2.12- ANTES DE CADA SESIÓN

DIOS MÍO, HÁGASE TU VOLUNTAD Y NO LA MÍA,
ESTOY AQUÍ PARA SERVIR Y PARA FACILITAR,
SOY UN CANAL PARA QUE OTROS TOMEN CONCIENCIA.
SOY UN ESPEJO DONDE LAS PERSONAS SE CONOCEN MÁS,
SOY UN MEDIO PARA QUE ELLOS SE HAGAN MÁS ENTEROS.
DIOS, QUE MIS PALABRAS Y ACTOS TENGAN TU SABIDURÍA,
TU ENERGÍA Y TU BENDICIÓN, EN ESTE MOMENTO SAGRADO.
AGRADEZCO LA LUZ DE LA TERAPIA GESTALT, EMDR, EFT, PNL,
CONSTELACIONES FAMILIARES, PSICOMAGIA Y DEMÁS.
ASÍ SEA

2.13 - 23 IDEAS PARA REDACTAR REPORTES PSICOLÓGICOS Y TERAPÉUTICOS

En el año 2003 me publicaron en Mundogestalt.com este artículo, el cual tuvo muchas visitas (más de 44 mil) y además generó polémica en algunos lectores por la sencillez de lo sugerido; y que por cierto ninguno de ellos presentó algo igual o mejor, de hecho no presentaron ninguna alternativa, aunque quiero recordar a esos críticos que no es sencillo hacer que las cosas se vean sencillas, aunque parezca un juego de palabras; es como en el deporte: no es fácil hacer el juego fácil. Ahora, en el año 2019, dieciséis años después, amplío este artículo, que es fruto de mi experiencia y práctica de muchos años en diversos trabajos relacionados al ámbito de la Psicología y la Psicoterapia y que ha servido de guía para muchos estudiantes de Psicología –de varios países-, porque así me lo han asegurado y agradecido. Así que, desde este nuevo espacio, vuelvo a compartirles aquellas ideas y algunas nuevas:

IDEA 1.-CADA PROFESIONAL PERFECCIONA UN ESTILO ÚNICO DE REDACCIÓN DE REPORTE PSICOLÓGICO.

Con la práctica irá surgiendo y puliéndose un sello característico que, obviamente, podrá distinguirse de los demás por las palabras empleadas y por la dinámica del mismo. Por esto, no pueden ser exactamente iguales los reportes elaborados por dos profesionales sobre una misma persona, ya que intervienen diversas variables como son: a).- Elección de elementos de estructura del reporte, b).- Dominio de elementos gramaticales (sinónimos, antónimos, sintaxis, ortografía, etc.), c).- Cantidad y calidad de experiencias en la elaboración de reportes, indicada por tiempo, lugares de trabajo, asesoría calificada, etc., d).- Términos usados congruentes a alguna corriente psicológica o enfoque (plural, patológico, existencial u otro), e).- Es común que, al inicio, el principiante tienda a imitar la estructura y/o redacción de sus maestros y asesores, sin embargo, después va surgiendo y despuntando su propio estilo, viéndose esto también en otras áreas de la vida como en la música, el deporte, el trabajo y otras.

IDEA 2.-IMPORTANCIA DE LAS PALABRAS DE ENLACE

Para entender los componentes de un reporte hay que desglosarlo, desmenuzarlo, recordando que analizar quiere decir descomponer en partes. Una de estas partes la constituyen las palabras de enlace, en dos sentidos, donde se darán ejemplos a continuación:

a).-Respecto al ritmo explicativo. Tener en cuenta las tres áreas básicas del cuerpo de un reporte o área del reporte, las cuales son inicio, mitad y final, para lo cual se tienen que adecuar los usos pertinentes de las siguientes palabras sugeridas: además; afectó a; antes; así que; así mismo; asimismo; aunque; aún; coincide; consecuentemente; contradice; determina; en conclusión; en consecuencia; en primer lugar; encuadra con; entonces; es obvio que; finalmente; influye en; induce que; lo anterior; objetivamente; obviamente; se percibe que; pero; por consiguiente;

sin embargo; subjetivamente; también; ya que; sumado a; según; primeramente; posteriormente; por último; por lo tanto; por lo que; cabe destacar; cabe mencionar, es importante señalar que; etc.

b).-Respecto a lo dicho por el entrevistado-consultante. Cuando es información que el consultante nos proporciona como fuente primaria a través de la entrevista o de las respuestas a algún cuestionario, se sugiere el uso de las siguientes palabras para no abusar de una o de unas cuantas: agrega; admite; aduce; asegura; aclara; acepta; aconseja; alega; advierte, adquiere; alude; analiza; aporta; asocia; añade; asume; califica; caracteriza; comenta; concluye; conoce; considera; cree; describe; destaca; desdice; desdeña, dice, domina; duda; elabora; enfatiza; enlaza; enuncia; escribe; evade; experimenta; expresa, focaliza; fomenta; fundamenta; habla; justifica; manifiesta; manipula; menciona; narra; observa; organiza; opina; percibe; piensa; pondera; prejuicia; prefiere; ratifica; razona; reconoce; refiere; reconoce; relaciona; resume; revela; rehúye; se basa; señala, siente; simula; sugiere; supone, valora; verbaliza; vive; etc.

IDEA 3.-IMPORTANCIA DEL LECTOR BLANCO

Se recomienda elaborar el reporte de acuerdo a las características de quien lo va a leer. Contextualizarlo y adaptarlo según el tipo de destinatario: el consultante, un colega, un juez, un paciente, un médico, un profesional ajeno a nuestra terminología, entre otros. Y ¿por qué no? Se pueden elaborar dos reportes, uno para el solicitante y el segundo para nuestro archivo. También, abocarse principalmente a redactar los elementos del motivo de la consulta o propósito principal en el ámbito institucional, empresarial o de consultorio particular, es decir, hipotéticamente existen muchísimos rubros psicológicos a considerar en un reporte ideal pero, ¿Cuáles de ellos le interesarán realmente al paciente o a la institución?

IDEA 4.-RESULTADOS DE PRUEBAS PSICOLÓGICAS

Ser breves y concretos, filtrar la paja, aunque es cierto que el lenguaje metafórico es útil en psicoterapia o en explicaciones orales, también es cierto que al redactar un reporte se necesita ser claro, práctico y cuidadoso en describir los aspectos adecuados e inadecuados que encuadran la personalidad de un individuo. Se requiere concentración y ética en la puntuación, clasificación y/o interpretación de los resultados de los instrumentos psicológicos utilizados.

Asimismo, considerar el significado y la utilidad respecto al contexto cultural e individual (escolaridad, edad, raza, circunstancias de salud física y mental, descarte de simulación y de falsedad de datos, entre otros), congruencias e incongruencias con la entrevista, con el rendimiento en tareas y en logros de su vida.

IDEA 5.-ELABORAR UNA ESTRUCTURA DE REPORTE PSICOLÓGICO

Determinar primero el área específica de trabajo (clínica, social, educativa, escolar, comunitaria, etc.) pudiendo haber mezclas de éstas. En segundo lugar, enlistar los elementos o factores como indispensables de saber, ya sea mediante la práctica propia o de algún experto o lo obtenido por consenso grupal (Consejo Técnico, asociación, directiva, junta, otros). Siendo cuestión de pulir y actualizar periódicamente dichos factores.

IDEA 6.-COMBINACIÓN DE PSICOLOGÍA Y ARTE

Usamos la Psicología para elegir la terminología del reporte, sin embargo, usamos el arte para darle el estilo y la frescura. Ambos están entrelazados y ponen en nuestras manos la posibilidad de la creatividad. Recetas hay varias pero, el sazón lo da el agregado extra y el plus que queramos. Me refiero al colorido, al tamaño, a la fuente y tipo de letras, a la paginación de las hojas, los cintillos superiores y/o inferiores, el uso de líneas, encabezados, viñetas y uso adecuado de signos gramaticales, que hoy en día tenemos al alcance preferentemente en los procesadores computarizados de palabras.

IDEA 7.-FLUIDEZ Y CONSISTENCIA INTERNA

Se sugiere que las partes de un reporte estén enlazadas en una forma fluida, es decir, como una descripción continuada en párrafos, no como una masa de datos estadísticos o cortantes. Donde un párrafo pudiera abarcar, por ejemplo, los elementos del área social, otro los del área familiar, otro los del área sexual, etcétera, para tender a lograr una secuencia y una consistencia interna que evite la fragmentación excesiva.

IDEA 8.-CONSIDERACIONES PARA LAS CONCLUSIONES.

Considerar que lo que se enuncia en un reporte es lo que percibimos, describimos, interpretamos o calificamos, es decir, no es la verdad absoluta ni el territorio de la realidad, sino el mapa basado en un modelo psicológico (llámese gestaltista, conductista, psicoanalítico u otro) sujeto a perfeccionarse con el tiempo o con la ayuda interdisciplinaria. Por eso, se maneja que un diagnóstico es una hipótesis, o sea, una suposición criterial. Y se recomienda usar términos como: parece ser que...; probablemente...; es posible que...; aparentemente...; siente...; se conduce como...; en comparación con...; según los resultados de la prueba (test, cuestionario) "x"...; se manifiesta como...; semeja...; etcétera.

IDEA 9.-PERFECCIONAMIENTO

Buscar alternativas para mejorar la redacción del reporte: tomar cursos de redacción, leer libros especializados sobre reportes y diagnósticos, intercambiar reportes con colegas (sin datos que comprometan al paciente analizado), acudir a congresos, a conferencias sobre el tema, sacar elementos nuevos de la práctica psicológica y de la necesidad del paciente o lugar de trabajo. Además, elaborar y tener al alcance un glosario con los términos que más se usarán en los propios reportes. Extractar una lista de palabras o frases frecuentes en los libros, artículos o reportes de otros colegas para incorporarlas a nuestra experiencia, a un banco de palabras y a la práctica de nuestro léxico al momento de redactar, por ejemplo, a continuación se dan palabras y frases que el autor suele utilizar al elaborar sus reportes: instauración, finalidad, contrato terapéutico, apego, entorno, lineamientos a seguir, implementar, abordaje, conflictos originados, se detectó incremento, decremento de, mínima asertividad, desahogo de emociones, canalización de la frustración, valorizando, cambio de actitud, avances en su capacidad de, paulatina importancia de, necesidades externadas, emociones emitidas, preparación emocional de, al interactuar con, concientizado que,

denota poco tacto al, facilitando que, dirigido al fomento de, visualizando sus alcances, presenta tendencia a, evaluación personal, etcétera.

Al principio, hacer reportes es difícil, después es trabajoso (que no es lo mismo que difícil) y, por último, después de meses, son relativamente fáciles, aunque aún así, a muchos les provoca –como a mí- desidia.

IDEA 10.-USO DE ESQUELETOS

Se trata de tener –en archivos computarizados- "esqueletos" o "mascarillas" con los elementos a considerar en el reporte. Por ejemplo, aspectos de presentación (tamaño, fuente, tipo de letras, el autor acostumbra poner en negrita cada elemento psicológico), las áreas estructurales, los cintillos y logos correspondientes, etcétera, lo cual nos ahorraría tiempo y esfuerzo. Finalmente, no confundir esto con un formato rígido o "machote", ya que en el caso del esqueleto planteado será una obra con secuencia fluida y matizada por las características del consultante.

IDEA 11.-TIPOS DE REPORTE

Considerar la extensión y la clase de elementos a considerar, según se trate de un Estudio de Personalidad Inicial, Nota de Evolución Psicoterapéutica, Reestructuración de Estudio de Personalidad, Nota de Egreso, Canalización a un colega u otro profesional, etcétera.

IDEA 12

Se trata de redactar los reportes psicológicos de manera impersonal. Ya que una de las maneras inadecuadas es redactarlos en primera persona (usando la palabra "yo" o derivados de ésta que hacen que el reporte parezca una narración). A continuación, se presentan ejemplos en ambos estilos.

Estilo inadecuado: "Le apliqué la prueba X..."

Estilo adecuado (impersonal): "Se le aplicó la prueba X..."

Estilo inadecuado: "Finalmente, me despedí de él y le dije las siguientes tareas..."

Estilo adecuado: "Finalmente, se procedió al cierre de la sesión encomendándole las siguientes tareas..."

Estilo inadecuado: "Yo le pregunté cómo se sentía y él me contestó que bien..." Estilo adecuado: "Se le cuestionó su sentir en este momento y él contestó que 'bien'"

IDEA 13

Las frases importantes que nos exprese el consultante se pueden mostrar de manera literal (tal cual) entre comillas, para evitar confusiones de interpretación.

Ejemplos:

-El consultante, al autoconceptuarse, menciona *"soy una basura..."*.

-Agregó que: "oigo voces que me gritan que han venido a matarme porque soy un soldado de la galaxia".

IDEA 14. *Redacción durante la entrevista psicológica (o durante la psicoterapia).*

Se sugiere usar palabras claves y muy breves, es decir, símbolos, abreviaturas, siglas, etcétera, cada quien tendrá su propio código para tomar notas rápidas (es la misma técnica recomendable para quien toma notas rápidas en una conferencia o en una clase escolar) y si no disponen de uno pues empiecen a formarlo. Las notas en una sesión cualquiera (juzgando el momento adecuado) de manera que no se pierda el rapport o parezca que estamos ignorando demasiado al paciente. El siguiente paso es, después de la sesión, redactar con más amplitud las notas y/o simplemente tomar nota de los detalles que se nos hayan escapado o que en dicho momento no podíamos distraernos para anotarlas. En mi caso, a veces también tomo notas mientras el paciente realiza un cuestionario o prueba que no requiere gran atención o concentración de mi parte (Frases incompletas de Sacks, Cuestionario de Personalidad, entre otros).

IDEA 15. *Evitar las palabras repetitivas.*
Algunas palabras son probables de presentarse frecuentemente en la redacción según el contexto, por lo que para eludir la repetición sosa se sugiere el uso de sinónimos y de palabras parecidas que no desvirtúen la esencia del mensaje. Por ejemplo, los redactores suelen abusar de las siguientes palabras: "dice", "persona", "institución". Entonces, sería necesario ampliar el léxico con alternativas, por ejemplo, para la palabra "persona", individuo, masculino, sujeto, consultante, paciente, etcétera, por supuesto que cuidando aspectos en que la palabra no conlleve significados peyorativos o desvirtuantes. Para la palabra 'dice' se ofrecieron alternativas en este mismo artículo. Sobre otras palabras te toca a ti hacer una lista como estas para tus reportes.

IDEA 16. *Redacción de seguimiento psicoterapéutico.*
Una de las deficiencias vistas en el ámbito de la salud mental y física de instituciones (y a veces de consultorios particulares) es que descuidan la redacción de las notas de evolución psicoterapéutica. Ante lo cual se sugiere redactar durante e inmediatamente después de irse el paciente (ver la Idea 14), para lograr esto se necesitaría ajustar los horarios y recordar que la memoria es "traicionera" y datos importantes se pueden olvidar en minutos, horas o días.
También, disciplinarse llevando un control de redacción de dichas notas evolutivas que se archivarían con los datos esenciales del formato elaborado.

IDEA 17
Respecto al perfeccionamiento de los reportes psicológicos, decía anteriormente que los elementos a considerar se tienen que actualizar según las necesidades de los interesados y según

se demuestre utilidad e inutilidad de los mismos, así como es pertinente incorporar algunos términos técnicos que se recaben de alguna experiencia de lectura de artículos especializados, libros, conferencias, entre otros; por ejemplo, de manera personal he ido incorporando paulatinamente nuevo vocabulario y términos técnicos provenientes de libros especializados (del área de mi interés) recientes, así como de artículos y de pláticas con colegas y profesionistas de otras disciplinas que colaboran en mi trabajo. Además, he ido cambiando el diseño del reporte psicológico, en programas Office para una versión más ágil y estética de la redacción y el diseño del reporte. Quien no conozca dichos programas le conviene asesorarse con expertos en esos programas para lograr mejorías en sus labores.

IDEA 18 - ALGUNAS REFERENCIAS TEÓRICAS

Por otra parte, según Gregory (1999), nunca es apropiado que un psicólogo recomiende que un paciente se someta a un procedimiento médico específico (como un rastreo neurológico para un aparente tumor cerebral) o que reciba un fármaco (medicamento) particular. Aunque la necesidad de un procedimiento especial parezca obvia, la mejor manera de satisfacer las necesidades del paciente consiste en recomendar una consulta inmediata con el profesional médico apropiado (neurólogo o psiquiatra) pero sin prejuzgar sino que sean ellos los que encuentren las anormalidades y así el psicólogo no invada el área ajena a su disciplina.

Al paciente, lo más importante no es darle un diagnóstico clínico, sino hacerle comprender cuáles son sus puntos fuertes y sus debilidades y proponerle algún tipo de tratamiento psicoterapéutico para remediar o disminuir sus dificultades y conflictos. Además, el psicólogo que realiza un reporte psicológico debe tener en cuenta que los fines del psicodiagnóstico son muy distintos de algunos métodos psicoterapéuticos en los que el psicólogo necesita dejarse llevar por los caminos que la afectividad del paciente le muestra. Un reporte en que se nos habla de los sentimientos del paciente hacia su madre o sus hermanos, etcétera, pero desprovisto de "hechos" concretos, es muy pobre como informe.

Appelbaum (1970), señaló que el psicólogo asume muchos papeles al redactar el reporte psicológico. Puede representar el papel de político, diplomático, conductor de grupo, vendedor, artista y finalmente psicólogo.

Agrega que los elementos o características clave involucrados en la redacción del informe incluyen la habilidad para (a) establecer equilibrio entre los datos y la abstracción, (b) usar la modulación, (c) ser terminante o modesto cuando sea necesario, (d) mantener el interés del lector, (e) usar los ejemplos con sabiduría, (f) analizar sistemáticamente las distintas partes del informe y (g) facilitar el proceso respecto a las decisiones que se van a tomar. Otros autores (Tallent y Reiss) organizaron las críticas sobre los informes psicológicos en torno a seis áreas principales: (1) Problemas de Contenido –muy pocos o demasiados datos originales, énfasis inapropiado, diagnóstico que no se pide, contenido poco pertinente, duplicación innecesaria-; (2) Problemas de Interpretación –interpretación irresponsable, especulación excesiva, especulación no calificada como tal, diferenciación inadecuada entre los pacientes-; (3) Problemas de Actitud y Orientación del psicólogo –informe que no es práctico o útil, exhibicionista por abundancia de terminología elevada, demasiado autoritario, demasiado orientado hacia las pruebas, demasiado teórico, abstracto en extremo-; (4) Problemas de Comunicación –problemas en cuanto al uso de las palabras, vago, ambiguo, oscuro, informe muy extenso o muy breve, demasiado técnico, problemas de estilo, problemas de organización, excesivamente cauteloso-; (5) Problemas respecto al papel del psicólogo –que las recomendaciones del psicólogo reflejen que está usurpando las responsabilidades de otras profesiones (cabe mencionar que este último punto se explicó en un párrafo anterior).

IDEA 19

En la redacción de un reporte psicológico, para interpretar o describir las actitudes, conductas y escalas (nominales, de rango y numéricas) como resultado de una entrevista y de una prueba psicológica se sugiere usar modismos como: "se infiere...", "se deduce...", "presentó...", "cuenta con...", "impresionó...", "mostró...", "proyectó...", "sugiere...", "evidencia...", "suele parecerse a...", "comparándolo con...", "significa que...", "de acuerdo a...", "se relaciona con...", "está asociado con...", "resulta...", "se considera que...", "se recaba que..", "según las respuestas dadas en...", "se pronostica que...", "aparentemente...", "provisionalmente...", "en síntesis...", "en resumen...", "se diagnostica que...", "suele...", "es frecuente que...", "es común que...", "se caracteriza por...", "se distingue por...", "sus rasgos de personalidad son...", "coincide con...", "es congruente con...", "revela que...", "se considera que...", "se conduce...", "actúa como...", "se manifiesta como...", "se expresa...", "intenta aparentar que...", etcétera.

IDEA 20

Para la redacción del reporte psicológico en cuanto al área familiar, se sugiere considerar las siguientes palabras y frases para desarrollar párrafos descriptivos o interpretativos de la información en turno: Apego. Sobreprotección extrema. Exposición a modelos inadecuados. Falta de responsabilidad, de cariño y de aceptación. Conflicto marital. Prácticas disciplinarias nocivas. Fugas de casa. Ausencia de responsabilidad personal o familiar. Hogar numeroso con x integrantes. Hacinamiento. Discordia en el hogar. Favoritismo hacia. Control coercitivo. Padres rechazantes. Padres punitivos. Inconsistencia parental en las pautas de manejo disciplinario. Calidad de las relaciones padre-hijo, madre-hijo. Condiciones ecológicas negativas: pobreza, marginalidad, etc. Afecto materno. Agresividad parental. Disciplina errática. Falta de supervisión. Rechazo parental. Castigo frecuente. Padres crueles, pasivos o negligentes. Conflictos de pareja. Falta de armonía familiar. Disciplina inconsistente. Padres que no participaban en las actividades de. Familiar convicto por criminalidad efectuada. Poco responsivo con su madre o hermanos. Maltrato y abuso físicos, sexuales y psicológicos. Apatía parental. Estilo intrusivo, distante u hostil. Convivencia de carácter cohesivo. Núcleo familiar. Desvinculado de su familia. Partícipe de su familia primaria/secundaria. Relaciones interfamiliares adecuadas/inadecuadas. Familia desintegrada por dispersión de sus miembros. Familia de extracción urbana/semiurbana/rural. Deficientes relaciones interpersonales. Alcoholismo de la figura paterna. Familia incompleta por fallecimiento de. Percibe la figura materna como represora y dominante, la cual no le suministró apoyo ni dirección.

IDEA 21

A tono con este artículo, en diciembre de 2003 en la revista "Papeles del Psicólogo" apareció el siguiente artículo titulado "DIEZ CLAVES PARA LA ELABORACIÓN DE INFORMES PSICOLÓGICOS CLÍNICOS (DE ACUERDO A LAS PRINCIPALES LEYES, ESTÁNDARES, NORMAS Y GUÍAS ACTUALES)". Escrito por Eloísa Pérez, Manuel Muñoz y Berta Ausín de la Universidad Complutense de Madrid, la dirección es:

http://www.papelesdelpsicologo.es/resumen?pii=1113

En dicho trabajo se enumeran una serie de recomendaciones o aspectos clave a considerar en la elaboración de informes psicológicos clínicos (IPC). Dichas recomendaciones emanan de la consideración de los leyes, normas, estándares y guías técnicas de ese momento. Se indican 10 puntos clave: poseer la cualificación adecuada, respetar la dignidad, libertad, autonomía e intimidad del cliente, respetar y cumplir el derecho y el deber de informar al cliente, organizar los contenidos del informe, describir los instrumentos empleados y facilitar la comprensión de los datos, incluir el proceso de evaluación, las hipótesis formuladas y justificar las conclusiones, cuidar el estilo, mantener la confidencialidad y el secreto profesional, solicitar el consentimiento informado y proteger los documentos. Dichas recomendaciones se apoyan documentalmente en el Código Deontológico del Psicólogo (COP, 1987), los estándares de aplicación de los tests educativos y psicológicos de la APA (AERA, APA &

NCME, 1999), las Guías para el Proceso de Evaluación Psicológica (GAP) (Fernández Ballesteros et al., 2001; 2003), el Código Ético de la APA (APA, 2002), el Manual de Publicación de la APA (APA, 2001), el Real Decreto de creación de la titulación de psicólogo especialista en Psicología Clínica (Real Decreto, el Real Decreto de Estatutos del Colegio Oficial de Psicólogos (Real Decreto 481/1999), la Ley de Protección de Datos de Carácter Personal (Ley Orgánica 15/1999) y la Ley básica reguladora de la autonomía del paciente y de derechos y obligaciones en materia de información y documentación clínica (Ley 41/2002). Y algo muy interesante es que presenta enlaces (links) para consultar las siguientes tablas: Tabla 1. Documentos de apoyo relativos a la cualificación del evaluador. Tabla 2. Apoyos documentales relativos al respeto de la dignidad, libertad, autonomía e intimidad del cliente. Tabla 3. Apoyo documental acerca de los derechos y deberes relacionados con la información al cliente. Tabla 3. (Continuación) Apoyo documental acerca de los derechos y deberes relacionados con la información al cliente. Tabla 4. Documentos de apoyo relativos al contenido del informe. Tabla 5. Documentos de apoyo relativos a la descripción del uso de los instrumentos empleados. Tabla 6. Documentos de apoyo relativos a la descripción del proceso de evaluación y la elaboración de conclusiones. Tabla 7. Documentos de apoyo relativos al estilo. Tabla 8. Apoyos documentales relativos a la confidencialidad y secreto profesional. Tabla 9. Apoyos documentales relativos al consentimiento informado. Tabla 10. Apoyos documentales relativos a la protección de los documentos.

IDEA 22. APRENDER DE OTROS.

Yo he aprendido a redactar también observando los reportes de otros: colegas, Jueces, reporteros, autores de libros, profesionistas de diversas áreas.

IDEA 23. ESTRUCTURA DE UN REPORTE DE SESIÓN TERAPÉUTICA.

Puede contener lo básico: Encabezado logo y nombre de la Institución; Título del reporte; ¿Dirigido a alguna autoridad institucional?; Datos breves y generales del consultante; Objetivo de la sesión; Descripción de la sesión (temas, estrategias y técnicas usadas); Resultados de la sesión (comportamiento, actitudes y disposición); Objetivos de la siguiente sesión; ¿Prescripción de tareas?; Sugerencias y observaciones; Nombre y firma del terapeuta.

P. D. Una cosa es cierta, como redacto hoy, es una consecuencia de lo que he venido aprendiendo y practicando desde hace muchos años. Hasta los poetas tuvieron que perfeccionar su estilo con el paso de los años...

3.-TERAPIAS Y ENSEÑANZAS RECIBIDAS

3.1- ENTRE DOS MUERTOS

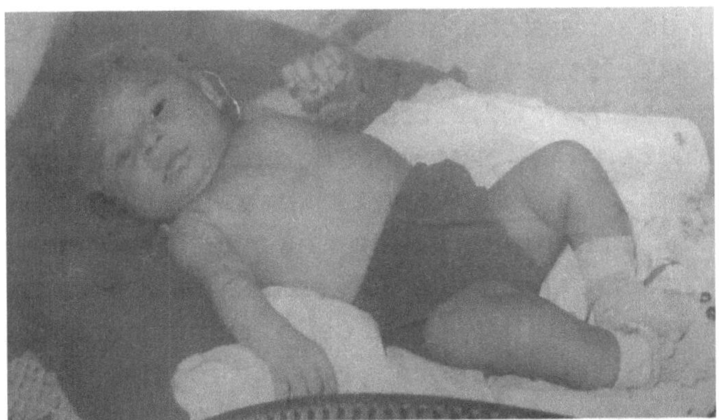

Llegué a este planeta entre dos muertos, es decir, antes y después de mí hubo dos abortos de mi madre. Me dice que una era niña de algunos meses de embarazo, y el otro una vida que apenas llevaba dos meses gestándose.

Sobre esto, recuerdo que en un Diplomado de Constelaciones Familiares participé en varias constelaciones (algunas como representante, en otras como consultante), y en una ocasión expuse lo de los dos abortos que me flanqueaban.

Esa vez salió a relucir que eso estaba relacionado –en parte- con la depresión y algunas ideaciones suicidas que llegué a padecer en mi juventud. Entonces reconocí a mi hermana y hermano, les di su lugar, y los honré, entendí que mi posición de nacimiento se recorría un lugar, del segundo al tercero. Luego mi padre confesaría que tuvo una hija antes de nuestra familia, la cual permanecía excluida en un secreto familiar. Se desplazó más entonces mi orden de nacimiento, del tercero al cuarto lugar, sin medalla egoica.

¿Sirvió de algo esa constelación o las demás que realicé? A más de 10 años de distancia creo y siento que sí. Como simultáneamente estaba acudiendo a una Maestría de Terapia Gestalt en INTEGRO Colima-Guadalajara, pues también ahí recibí regalos de condiciones para facilitarme transformaciones y movimientos de energías interiores que removieron mi alma y mis sentimientos, mejorando grandemente mi relación con mi padre, mi madre, mi pareja, mis hijos, y con mis pacientes.

Algunos acusan a las Constelaciones Familiares y Movimientos del Alma de ser sesiones de espiritismo. No es así. El manejo de energías desconocidas se presta a interpretaciones multicolores, por eso hay que recurrir a los fundamentos teóricos de su creador, Bert Hellinger, y nos daremos cuenta que no es espiritismo, no es una secta, no es barato ni fácil especializarse en ese tema, y el propio Hellinger ha mencionado que la teoría que más se acerca a explicar los fenómenos que ocurren en las constelaciones familiares es la de los campos morfogenéticos de Rupert Sheldrake, explicada en su libro "Una nueva ciencia de la vida", aparecido a principios de la década de 1990, el cual ha generado polémica entre los científicos.

3.2- EXPERIENCIAS TRANSPERSONALES

"Me he cansado de defender los principios espirituales que han guiado y dado forma a mi vida. Funcionan y lo sé." Cheryl Richardson Algunos psicólogos y terapeutas, complementan su formación académicaprofesional con caminos alternativos espirituales, tales son los casos de quienes se adentran en Chamanismo, Cuarto Camino de Gurdjieff, Rosacruces, Gnósticos, Masones, etcétera.

En mi caso, desde principios de 2008 soy practicante de la Gnosis, oficialmente conocida como AGEACAC (Asociación Gnóstica de Estudios de Antropología y Ciencia, A.C. Y el ser gnóstico me ha permitido ampliar mi conocimiento del ser humano, así como mis posibilidades espirituales, practicando meditación, mantralizaciones, oraciones, cadenas de energía, protección energética, etcétera.

No recuerdo si era un mes de 2008 ó de 2009, el caso es que fui acompañado de mi esposa Brenda a la localidad de El Trapiche, en el municipio de Cuauhtémoc, Colima, a ver qué podía aprender del famoso chamán y sacerdote maya Don Lauro (de la Cruz), del que tan buenos comentarios había escuchado.

Lo relevante que se me hizo es que por ahí andaban varios terapeutas de Gestalt conocidos míos, hubo danzas previas como preparación del ritual, y en la parte final del evento cada persona acudía con él, cuando me tocó asistir, dijo palabras ininteligibles para mí, duró un buen rato (no exagero si digo que quizá fui la persona con la que se tardó más tiempo que con las demás), y al final se me acercó más y me dijo: "Eres un Guerrero" (me guardo lo que he investigado de esta senda señalada, para no mostrarme presuntuoso). Al siguiente día, acudí a otro lugar donde recibió personas para curación. Yo fui con la intención de que me dijera unas palabras o me hiciera alguna "limpia" (supuse), y lo que hizo Don Lauro fue que con sus dos manos me sujetó de la nuca y me la agachó durante varios segundos, y me dijo "es todo, gracias"; creo que se refería a bajarle a la intelectualidad-soberbia e ir al sentir- humildad (lo que gradualmente he venido haciendo a través de Gestalt, Constelaciones, Gnosis, etc.). Esa noche soñé que yo estaba en la orilla de una carretera con el coche descompuesto, sin saber cómo arreglarlo, de repente me llega Don Lauro y me dice: "¿Quieres que te ayude? Yo te puedo ayudar", y le respondí que sí y le di las gracias. Mi impresión de él sigue siendo la de un hombre auténtico, espiritual, motivador, un hombre de la montaña al que le agradezco ese cruce de miradas, de imágenes y de energía.

3.3.- MIS REFLEXIONES Y TIPS COMO ESTUDIANTE Y EGRESADO DE PSICOLOGÍA

En octubre de 2016, fui invitado a participar en el panel "La Construcción de la Facultad de Psicología', en la Universidad de Colima, donde hablé algunas cosas, entre lo más importante, incluyendo lo que no alcancé a decir, está esto:

-HAY QUE MANTENERSE ACTIVOS TRABAJANDO, CON O SIN PAGA.

Cuando me preguntan los egresados qué les puedo recomendar les digo que se mantengan activos trabajando, no importa si no reciben paga. Hay que estar activos de manera formal, informal, voluntaria o altruistamente. En Instituciones, empresas o comunidades. Hay que sembrar nuestro futuro laborando como voluntarios o de forma altruista, ¿cuántos de ustedes ya lo han hecho? Obvio que hacerlo donde puedas colaborar en tareas que puedas y que no te rebasen tu capacidad o preparación. Podemos apoyar de alguna manera a un vecino, amistad, familiar o en la calle. Podemos apoyar en situaciones de desastres naturales, en una emergencia o cuando veamos la ocasión. En mi caso, como estudiante apoyé a varios de mis compañeros de Generación en cuestiones emocionales y académicas; también ayudé a algunos familiares, desconocidos, amistades, fui voluntario y practicante en un Centro de Integración Juvenil (CIJ) contra las drogas. Como egresado, trabajé en lugares donde prometieron pagarme y no lo hicieron, mientras que en otros la paga fue muy baja. Y aquí es donde entra en acción el siguiente punto:

-NUNCA SABEMOS CUÁL SERÁ EL MEJOR TRABAJO NI CUÁNDO LLEGARÁ.

Al momento de egresar yo no tenía trabajo, mientras que la gran mayoría de mis compañeros ya tenían trabajo asegurado. Yo anduve 3 años en varios trabajos hasta que me llegó la oportunidad de trabajar como sindicalizado en el Gobierno del estado de Colima, y ahí permanezco a la fecha. A veces un trabajo te llega a través de un colega de Generación, a veces por medio de un docente, o donde realizaste tu Servicio Social o Práctica Profesional se fijan en ti y te contratan. No esperes encontrar algo bueno en el periódico o en la hamaca.

-CADA LUGAR DE TRABAJO NOS TATÚA UN ESTILO DE PENSAR, SENTIR Y PRACTICAR LA PSICOLOGÍA.

En mi caso, que he laborado como docente, orientador vocacional, además de investigador en la Secretaría de Gobernación Federal y como Psicólogo en el CERESO de Manzanillo me ha hecho más observador de detalles en las entrevistas y terapias, aparte de adquirir gran experiencia en la redacción de informes y en el abordaje de pacientes difíciles.

-COMO EGRESADO HAY QUE SEGUIRSE PREPARANDO

En posgrados, Congresos, cursos y conferencias, libros, pláticas con otros egresados, etc.

En ocasiones me pongo a pensar que más o menos 900 psicólogos han construido y egresado de esta Facultad de Psicología de la UCOL (Universidad de Colima) ¿Dónde están?

Esta carrera afuera del aula es de mucho sacrificio, constante preparación y actualización, desarrollando la humildad que no se adquiere en lo académico, desarrollando el altruismo para el cual estarás más listo después de que te limpies (el alma, el corazón y la mente).

-CONSTRUCCIÓN DEL SER PSICÓLOGO (COMO PERSONA Y ESTUDIANTE)

Todo lo que hagas como estudiante te forjará y quedará grabado en tus compañeros/as. Algunos hemos sido celotípicos de las críticas de colegas a quienes los conociste en formación inmaduros y años después crees que siguen así igual.

Durante la formación de la carrera de Licenciado en Psicología, existen espacios para desarrollarnos como personas. Por ejemplo, en mi caso, el fútbol me ayudó bastante a canalizar el estrés, a reforzar disciplina, compañerismo, equipo, liderazgo (fui capitán del equipo varios años), trabajar lo motriz, la motivación y la capacidad de observación de detalles en el desempeño mental y físico de otros jugadores.

Algo más que nos forma como personas es la manera en que estudiamos, si tenemos o no los recursos económicos para solventar la carrera. Conocí a quienes tuvieron que trabajar durante la carrera. Otros, como yo, estuvimos muy limitados y con grandes sacrificios económicos de nuestra familia. Me di cuenta de que la mayoría de los que venían de otros municipios o estados estaban muy motivados o disciplinados para estudiar la Psicología.

-EL EDIFICIO Y LO DEMÁS EN ALGO FACILITA TU APRENDIZAJE, Y AÚN ASÍ TÚ MARCARÁS TU DIFERENCIA.

Durante 8 ó 9 semestres los estudiantes de mi generación no tuvimos la oportunidad de contar con el Auditorio de usos múltiples o con el actual edificio.

Y los posteriores laboratorios que se han construido y equipado pues ya no tuvimos el momento histórico de aprender en ellos.

Mi reflexión es que más allá de lo existente en una Escuela o Facultad, cada estudiante marcará su propia diferencia y su propia suma. Está el caso de las bibliotecas, las aprovecha quien así lo quiere. No me arrepiento de haber estudiado en las condiciones que tuve, gracias a eso soy así ahora.

-EN LA FACULTAD NOS ENSEÑAN A SER PSICÓLOGOS, NO A SER TERAPEUTAS.

El psicólogo es celoso del terapeuta y de lo que no ha experimentado, cree saber todo de la mente. Ni sabe todo lo del cerebro y la mente y mucho menos del cuerpo, de las emociones o del alma.

Y al final de la carrera nos sentimos un sensei o gurú, cada quien en su isla de la fantasía intelectual, pobres investigadores con esbozos de terapia cognitiva.

-CUALQUIER DOCENTE TENDRÁ DEFECTOS PORQUE SON HUMANOS.

"Un verdadero Maestro tiene muchos defectos.
Un falso Maestro no tiene ninguno."
Alejandro Jodorowsky

De los 25 docentes que me dieron clases en la Facultad de Psicología, no hubo uno que no tuviera defectos, y también, no faltó quien no tuviera virtudes.

Por lo que prefiero quedarme con sus virtudes como referencia a modelar, mientras que de sus errores, omisiones o defectos de carácter me sirven para no repetir eso.

En este momento mencionaré 4 docentes importantes para mí en esta carrera de Psicología:

Docentes provenientes de la UNAM:

Mtra. Lizbeth O. Vega Pérez: Me enseñó Estadística y algunas bases para la investigación. Con ella fue la disciplina, la seriedad en la Psicología y mostró una gran dedicación a las materias que impartió. Algunos se admiraban que yo supiera tanto de Estadística, bueno, es que uno de los secretos es que tuve a esta gran docente que me supo orientar y enseñar.

Psic. Esp. José Luis González: Confió en mí para que lo apoyara como Instructor en el Módulo de Entrevista Psicológica, en la Cámara de Gesell, donde ocurrieron mis primeras chuzas y también derribos de pinos en ese "boliche". Arraigado su estilo en el enfoque "más conductual que cognitivo" y con su laboratorio de ratas, me enseñó la disciplina y el orden en lo que se imparte y en lo que se programe. Valiosos consejos extra clases y enseñanzas que he aplicado incluso en enfoques diferentes en donde él se desarrolló.

Docentes egresados de la propia Fac. de Psicología de la Universidad de Colima:

Julio César Verdugo Lucero: Tuvo una forma didáctica de facilitarme el aprendizaje con esquemas y ejemplos. Además de que fue mi entrenador y me dirigió en la selección de fútbol de esta Facultad. Me gustó su estilo crítico, poco convencional y práctico.

Claudia Leticia Yáñez Velasco: Con ella fue un parteaguas porque mi intelectualidad de entonces chocó con su estilo Gestalt humanístico-existencial.

Por lo que en los primeros dos semestres que me dio clases a veces yo no asistía a sus clases, renegaba de su estilo y obtenía calificaciones bajas. Después, me reconcilié con ella cuando facilitó el 'Círculo Mágico'. Esto me ayudó bastante y fue suficiente para que la eligiera como asesora para redactar un Ensayo para titularme; y años después estudiaría la Maestría en Terapia Gestalt. Más adelante extiendo estos comentarios.

-EL ESTUDIANTE DE PSICOLOGÍA INTELECTUAL Y EL ESTUDIANTE DE PSICOLOGÍA INTEGRAL.

El estudiante intelectual es el académico, el formado como entrevistador, como investigador de lo puramente Oficial y aceptado por la Ciencia. El intelectual es que desdeña lo emocional y el trabajar en terapia sus propios problemas.

El intelectual es el que colecciona autores y teorías, técnicas y Congresos, libros y debates por conceptos. El estudiante intelectual se burla y combate los enfoques fenomenológicos y las terapias energéticas, porque no las ha vivido y no las comprende, porque le han dicho en su Escuela que son disparates, sin embargo, no se ha atrevido a experimentarlas o a sacar provecho y trabajar para sus propios conflictos. Ausencia de lo corporal, emocional y transpersonal. Esto que se adquiere fuera de la Facultad, que se experimenta y no se deletrea, que a veces se necesitan posgrados para sonrojarnos de lo chiquito que éramos.

El estudiante integral sabe que la formación intelectual es importante hasta cierto punto, después del cual sigue la mente abierta, que se abre a las posibilidades de cualquier cosa que influya en la mente y en el comportamiento, incluso cuando vaya más allá de lo científico. El estudiante integral es el que trabaja en terapia sus problemas familiares y personales. Es quien no se conforma con lo adquirido en la Escuela y va más allá de eso, por ejemplo, sabe y se guía también con la intuición y sus creencias espirituales, integrándolas.

Busca formaciones extra-oficiales, por ejemplo, siendo estudiante y aún de egresado, he practicado meditación, yoga, PNL, etc.

-COMO PSICÓLOGOS SOMOS AGENTES DE CAMBIO

En ocasiones seremos líderes, ejemplo a seguir, nos mirarán y checarán frecuentemente por la etiqueta de la profesión, nos consultarán a veces en lugares inapropiados. Otras veces seremos facilitadores, acompañantes, instructores, docentes, escuchas, observadores, críticos, etcétera. No solamente esperen formarse en el edificio, hay que hacerlo también en la calle, en la familia, en la comunidad, afrontando los retos cotidianos, observar a las personas, aprender de otros psicólogos exitosos, así como extraer lo bueno de lo malo.

-TU ESTILO DE PERSONA INFLUIRÁ EN TU ESTILO DE PRACTICAR LA PSICOLOGÍA

No será casualidad que tu personalidad tendrá que ver en el enfoque psicológico que te guste más o con el que te sientas más cómodo. La manera en como vemos la vida se relaciona con las corrientes o autores que nos impactan.

Y a final de cuentas, irás formando un estilo personal de reflexionar y de practicar la Psicología, poco a poco dejando de lado a los autores y las teorías, para aplicar lo plural, también dependiendo obviamente de ante qué persona tenemos como consultante.

-SUGERENCIAS PARA MI 'ALMA MATER' LA FACULTAD DE PSICO-

LOGÍA UCOL

1.-Que sean más frecuentes los paneles con la participación de más egresados donde narren sus experiencias como estudiantes y como egresados, tal como sucedió en esta ocasión.

2.-Que agreguen materias de Aprendizaje Acelerado y Supermemoria o que los docentes las incorporen a su docencia. Sería un plus en la formación de estos estudiantes de Psicología.

-PSICOLOGÍA Y POLÍTICA

Paralelamente al ejercer mi profesión, he tenido que ejercer política. Me explico, cuando digo política, no estoy hablando solamente de partidos políticos, me refiero a la política en un sentido amplio de tomar decisiones, organizar mi trabajo y defender mis derechos, entre otras cosas, a través de interaccionar con compañeros y autoridades institucionales en mis diferentes trabajos federales y estatales. Política en solicitar mis necesidades, en exponer carencias, en cabildear conflictos, en aplicar algo, en pelear cuando me atacan, en proponer soluciones y seguir "vivo" en cada lugar de trabajo. Sin la política, no hubiera logrado lo que he logrado. Es decir, que no basta ser psicólogo, independientemente del talento o preparación académica que se tenga, hay que saber navegar en esas políticas (sindicales, jurídicas, reglamentarias, partidarias, institucionales, etc.) que existen en cada lugar de trabajo. ¿La Gestalt? Hacia el paciente y hacia los demás...y además usando la política... inevitablemente, si no la hubiera usado me pudieron haber tragado los muchos tiburones que me han rondado.

-HAY QUE SER PSICÓLOGO Y ALGO MÁS.

¿Por qué quieres ser psicólogo? Le han preguntado a muchos estudiantes de Psicología, como lo fui yo. En su momento, respondimos que para ayudar a los demás, otros agregaron que también para ayudar al mundo de alguna manera.

Aún no sabíamos de los espejos y proyecciones, vivíamos en lo mental y en lo exterior.

Seguimos avanzando de grados y nos damos cuenta de la tremenda realidad: estudiamos Psicología porque nos queremos ayudar a nosotros mismos, a nuestros familiares y en última instancia a los demás. Toing toing...

Si hablo de esto es porque lo viví y veo que otros lo viven. Psicólogo, tú, colega, el 20 de mayo dicen que es nuestro día, cerca de la madre, cerca del niño, cerca del padre, no hay coincidencias. Ayudémonos para ayudar, seamos psicólogos y algo más...

3.4.- ESTUDIO, ESPEJOS Y TERAPIA EN LA MAESTRÍA GESTALT

Estos apuntes los realicé durante mi estadía de 2 años y medio en ese Centro (febrero 2006 a agosto 2008), capturando energía y chispazos geniales de maestros que seguramente estaban en trance muchas veces, conectados a su ser y a su experiencia de muchos años. Una parte de mí experimentó los ejercicios y terapias grupales e individuales en el corazón y la mente; otra parte de mí se dio también su espacio para apuntar y preservar estos tesoros traducidos a textos en papeles ya arrugados y tan valiosos como si fueran papiros, de eso hice una selección de lo que considero más importante.

Esta Maestría vivida, se enmarca en un contexto histórico donde confluyen varios eventos, como lo fueron:

-Ingresar al Instituto a la edad de 33 años.

-Casarme a los 34 años de edad y criar hijos.

-Cursar un Diplomado de Constelaciones Familiares, durante año y medio (2007-2008)

-Estar laborando en un Centro Penitenciario, con todas las presiones y exigencias que eso conlleva.

De noviembre a diciembre de 2005 cursé el curso propedéutico en la ciudad de Colima, previo a la Maestría de Terapia Gestalt en INTEGRO.

Aquí, me facilitaron varios ejercicios y una introducción de lo que sería la Maestría. De lo que más se me quedó grabado es la tarea que me dejó Gustavo, en cuanto a que viera e hiciera un reporte de la película 'Mi Encuentro Conmigo', protagonizada por Bruce Willis. La eligió para mí sin azar, ahora comprendo. Pues en ese metraje se cuenta la historia de un ejecutivo que intelectualiza, que reprime sus emociones. Era uno de los primeros chalecos para que yo me proyectara.

De ahí, enrutado a experimentar la Maestría en el grupo denominado COLIMA 2, alternando clases en las ciudades de Colima y Guadalajara, el último fin de semana (de viernes a domingo) de cada mes, hasta completar 8 trimestres.

*En INTEGRO me rompieron la cabeza. Luego me facilitaron integrar esas piezas junto con mi corazón.

*En INTEGRO busqué a Perls y la Gestalt. Encontré mi corazón, en mi cuerpo y en espejos.

*De INTEGRO no me acuerdo del contenido de los libros, me dejó huella lo trabajado en terapias.

*En INTEGRO estudié y me estudiaron, me terapearon. Agradezco a los espejos, a los trapeadores y a los terapeadores.

EN EL BOSQUE

Cuando llegamos al Bosque de La Primavera, y nada más bajar del vehículo un impulso me nació para ir hacia determinado árbol, así lo hice y lo abracé durante unos minutos, y ¡oh¡ que se enoja una de las guías, porque lo juzgó como payasada y me apuraron a que regresara al grupo. Primera censura a mi sentir.

Luego, algo apartados de los demás, 3 ó 4 compañeros y yo observamos en lo alto un águila que giraba encima de nosotros a unos 40 ó 50 metros de altura, alguien comentó. *"¿Será Javier Castañeda?"* Más tarde me revelaron a qué se referían.

En ese Bosque, me tocó ver cómo se teratrapeaban a dos estudiantes que estaban el triple de intelectuales que yo. Me admiré de la facilidad con que facilitaban esas Maestras, que se notaba su gran experiencia. Claro que me sirvió ver eso, me proyecté en ellos.

Y finalmente, me chuté la película "Solo contra el mundo", con temática de la relación padre-hijo. Se me hizo aburrida. Claro, en ese entonces aún me faltaba sanar mi relación con mi padre.

CON SERGIO

"Sentimiento es: emoción + mi historia". Sergio X. Vázquez

"El primer gestaltista fue Cristo". Sergio X. Vázquez

"Dios es la suma de la interacción de todo con todo, incluido lo oscuro". Sergio X. Vázquez

"Qué bonito haces tú al vestido". Sergio X. Vázquez

"No puedes cabalgar el camello que ya pasó, ni el camello que no ha llegado". Sergio X. Vázquez

Sergio Xavier Vázquez Martínez, el Fundador, Rector, Maestro, Guía, Protector, etcétera, de INTEGRO, también me facilitó algunas clases, tuve ese honor y privilegio de convivir brevemente y observarlo facilitar demostraciones y escucharle parte de su sabiduría.

En una ocasión, a los diez minutos de iniciada su clase se le ocurre a una compañera interrumpirlo para pedirle salir a un asunto. Aparentemente furioso, nos dijo que esta persona acababa de echar abajo diez minutos de inducción y rompió el ritmo que se estaba ganando en el grupo, que por favor no lo volviera a hacer.

Otro día, mi curiosidad intelectual se atrevió a preguntarle sobre su relación con Héctor Salama. Inmediatamente, se giró hacia el Coordinador Gustavo y le comentó algo así: "*Gustavo, ahí te encargo a este muchacho, está siendo demasiado intelectual*".

Más de diez años después de eso, Dr. Sergio, donde quiera que esté, a usted no lo engaño, me he transformado e integrado en gran parte, y esto lo ven también algunos colegas. INTEGRO es pieza fundamental de este rompecabezas integrado y que estoy en constante pulsación, desintegrando e integrando, en ciclos interminables.

Cómo olvidar la vez que nos contó sobre lo que representa IN-TEGRO, que es parte de una Misión que estaba destinada para él y Ceci, que a él le habían facilitado ver sus Registros Akáshicos.

Y hasta la fecha sigo deseando el poder leer un libro de Sergio, asunto inconcluso que seguirá abierto toda mi vida. No entendí para qué no lo escribió.

Por lo menos, disfrutaré y aplicaré su 'Diagrama de Sergio', con fundamento en la PNL.

Descanse en paz, su misión ha sido cumplida a cabalidad durante más de 30 años, y de mí hacia usted hay gratitud, recuerdos, aprendizaje y mucho sentimiento, eso que me faltó en aquella ocasión.

CON JAIME IRIBE

El Maestro Gestalt Jaime Iribe fue con quien más trabajé mis asuntos. Paraba la mano y me daba oportunidad de pasar al frente, algunos hasta se encelaban de esto. Él les dijo a los del grupo que era necesario porque yo era de los que más necesitaba ayuda.

Una vez, terminó su clase y salimos del salón, a mí se me olvidó un suéter en el salón y cuando iba de regreso a buscarlo noté a Jaime en las escaleras con rostro preocupado y me dijo, palabras más palabras menos: "*¿Estás enojado? No tengo nada contra ti*". Lo que pasa es que mi mirada es fuerte y por cierto habíamos trabajado sobre mi agresividad, y quizá él pensó que iba a gritarle o algo así.

Una ocasión, una de sus clases la facilitó en el terreno de una casa en un paraje solitario del municipio de Cuauhtémoc, Colima. Ahí, cada miembro del grupo creó una actividad con un fin terapéutico, como por ejemplo, una compañera creó una actividad similar o basada en acto de psicomagia de Alejandro Jodorowsky. Cuando hice este comentario, Jaime se molestó y empezó a decirme que por leer libros de Jodorowsky no quiere decir que se tenga derecho a creer que se puede experimentar o a opinar de él. Yo me callé, y a fin de cuentas no pretendía menospreciar a la compañera, al contrario, me pareció interesante su actividad.

Finalmente, con este Maestro experimenté la materia y práctica de la Entrevista, filmada y grabada en audio. Experiencia muy rica para mí, sobre todo con las retroalimentaciones y el verme a mí mismo en el video.

CON FERNANDO GONZÁLEZ

El Maestro que explica con manzanas, me encanta su manera de dar clases.

Recuerdo que una actividad se trataba de explicar un capítulo del libro ESTO ES GUESTALT y además crear una actividad terapéutica. En mi caso, me tocó el capítulo 'Resolución'. Al final de mi exposición, me dijo: "*Y te faltó lo más importante, el retorno a casa*". Así es, después de la figura-fondo y de los opuestos, hay que retornar a uno mismo, a la integración que se incorpora en nosotros.

CON JAVIER

En el receso de una de sus clases se me acercó el Maestro Javier Castañeda y me dijo: "*¿Te crees mucho?*". Se refería a que uno de mis defectos o egos en mí es la soberbia, a veces visible en mi actitud, aunque ya menos, claro está, a trece años de distancia.

Una de las actividades que me impactó en las clases de Javier es cuando nos facilitó el que con nuestro dedo índice apuntáramos hacia la persona que culpáramos de nuestros problemas; para luego mover él nuestro dedo apuntando hacia nosotros.

La terapeuta Ruth Díaz, que ha estado en contacto con él, luego me contaría maravillas de este Maestro, que me parecen admirables.

Hace poco más de tres años, en un chat y luego en llamada telefónica intercambié con Javier algunos puntos de vista y sugerencias que me brindó, además de valorar sus felicitaciones.

JORGE FIERRO

El Maestro Jorge seguido nos decía: *"esto no viene en ningún libro, anoten..."*

Precisos e importantes sus momentos en que facilitó tips y prácticas de PNL y Ensueño Dirigido. Me acuerdo que en una de sus prácticas de visualización guiada, me identifiqué con una espada. Luego entendí que representa lo masculino y lo intelectual.

Con él tuve mi última clase grupal en INTEGRO, allá en la casa del compañero Bryant, en el municipio de Cuauhtémoc, Colima. También, es importante señalar que este Maestro fue elegido por nuestro grupo como el Padrino de la Generación 'Colima 2'.

OTROS MAESTROS

Recuerdo nombres y caras como Alfredo Pérez; Imelda Barajas y una sesión en que facilitó algo similar a la respiración holotrópica; Maty Carbajal, Natolio Partida; Miguel Santana y sus metáforas y alegorías; Martín Anguiano y los bailes-movimientos para sensibilización del cuerpo; Antonio Martínez, que ya en paz descanse; Trinidad Gerardo Martínez y su ideología de cambio; Pedro Ávalos y su luz en la oscuridad de la sexualidad; Jorge Andujo y su enseñanza con humor; Félix Alvarado y su fina ironía, Gustavo Solórzano con sus claroscuros, entre otros.

Yolanda Larios y su facilitación en ejercicios de proyección en máscaras. Me acuerdo que como primer paso diseñamos, dibujamos y pintamos cada miembro del grupo su propia máscara. En m caso, elegí como referencia el payaso Krusty, de la serie Los Simpson. Incluso aún poseo la grabación en video de cuando enmascarado escenifiqué en silencio lo que, según yo en aquel momento, representaba para mí (sarcasmo), obvio que en otro momento me di cuenta que en realidad proyecté tristeza.

Habrá otros Maestros que no menciono su nombre, y no por eso no son importantes. De todos aprendí, con unos de manera más inconsciente que conciente, y aún así permití que plantaran su semilla en mi corazón y en mi mente.

En INTEGRO, tuve de facilitadores también a maestros fumadores, homosexuales, neuróticos, algunos chamánicos y hasta un narcoléptico. Sin embargo, yo no me empantané en sus defectos ni aprehendí eso, preferí encontrarme a mí mismo y tomar lo que creí que me serviría. En cualquier escuela que he estado, los maestros tienen defectos y virtudes, decido valorar las virtudes. Fritz Perls fumaba, sin embargo, dejó un legado impresionante.

De los Maestros que me tocó la fortuna de que me facilitaran clases, demostraciones y terapia, varios de ellos ya no laboran en INTEGRO, algunos crearon sus propios Institutos. Por lo que les aprendí lo que quise después imitar y mejorar, así como lo que no me gustó ni quise repetir.

ESTUDIAR EN INTEGRO

Me di cuenta que las temáticas que en mi currícula le dieron más importancia fueron:

-Modelo de la Escuela de Terapia Gestalt "de las tripas" de California.

-Técnica de la Entrevista en Gestalt.

-Sexualidad y sus variantes.

-El Ensueño Dirigido.

-Principios psicoanalíticos en que se basa y diferencia la Gestalt.

-Prácticas de sensibilización y movimiento.

-Orígenes filosóficos y fundamentos de la Terapia Gestalt.

-Modelo de Comunicación de Palo Alto.

-Palingénesis (Rebirthing)

-Constelaciones Familiares (fundamentos).

-PNL, sobre todo Metamodelo y tercera posición.

Y se me hizo curioso que se estudiara tan poco, relativamente, las aportaciones de Fritz Perls.

En este Instituto no fui ni los demás fueron a competir o a mostrar falsedades. Fuimos a desnudarnos el alma, a desintegrarnos para luego integrarnos. En cierta manera, se tornaba el salón como un hospital, sin medicinas ni sueros. Todos nos mostramos los defectos y egos, yo no me avergüenzo de lo que mostré, para eso pagué y a eso fui. Esto es la gran diferencia con otras maestrías o especialidades, donde no trabajan sus emociones, solamente reciben información.

Aunque me gusta leer, la verdad es que yo no podía llevar el ritmo de lectura que nos pedían en este Instituto. Muchas veces no terminaba la cantidad de libros que nos exigían para cierta fecha. De por sí, esto me parecía incongruente en aquél entonces. Ahora, creo que lo hacían para que nuestro cerebro conciente (hemisferio izquierdo) llegara saturado y listo para ser abordado por los facilitadores.

Mi Servicio Social lo facilité en la Asociación Colimense de Lucha Contra el Cáncer, donde durante 2 años atendí pacientes con cáncer y sin cáncer en comunidades de los municipios de Cihuatlán Jalisco y de Manzanillo, Colima.

En cuanto a trámites escolares no le di seguimiento, sin embargo, las experiencias ahí están.

Falté el último fin de clases en la sede de Guadalajara, el cierre de la generación Colima 2. Resulta que semanas antes tuve una luxación en el pulgar de mi pie izquierdo, por la cual estuve incapacitado 2 meses y medio (me operaron para ponerme clavos en dicho pie). Supe que algunos dudaron de mí y hasta creyeron que había inventado este accidente. Me quedo con el hecho de que sucedió, no hay casualidades, hay autosabotajes, de lo ocurrido, soy el autor inconsciente mas no intelectual. Y sigue inconclusa mi Maestría también porque dejé de pagar mi deuda económica con el Instituto, que actualmente con los intereses ha de estar más alta que la altura a donde llegan las fumarolas del volcán de Fuego de Colima. Además, Aunque en las calificaciones aparecen tres materias donde etiquetan *"debe reporte"*. Claro que entregué los reportes, lo que pasa es que a criterio de cada maestro, si él interpretaba que debías repetir la materia por motivos que ellos llaman *"no tomar conciencia, no darse cuenta, intelectualizar demasiado, etc."*, entonces consideran necesario que el alumno repita (re-experimente) la materia.

CONCLUSIONES SOBRE EL TRABAJO EN MÍ

En INTEGRO, los maestros me detectaron conflictos con mis figuras parentales, sexualidad, manejo de cuerpo y emociones, así como demasiada intelectualidad.

13 años después, tanto lo que he trabajado ahí en Terapia Gestalt, como en el Diplomado de Constelaciones Familiares (como representante y representado en múltiples asuntos) y Gnosis (que incluye meditaciones, prácticas espirituales y temazcales), menciono que mis avances son notorios, lo cual coincide con la mayoría de los que me conocen antes y después de haber cursado esta Maestría.

Que me falta aún afinar todavía esas temáticas de conflictos, sí, en eso estoy, acabando hasta que muera.

3.5.- LA GNOSIS Y LA PRAXIS ESPIRITUAL

Desde afuera, para algunos es un movimiento, una religión, un grupo raro, una secta, personas pertenecientes a los masones, diabólicos, o simples herejes que hablan de Dios de una manera diferente y que hacen "brujerías".

Quienes hemos estado dentro, sabemos que la Gnosis es una Escuela Esotérica, un modo de vida, el Conocimiento Universal del hombre proveniente de todas las religiones y fuentes de conocimiento de la humanidad. Gnosis es un funcionalismo natural de la conciencia, una filosofía del conocimiento universal para desentrañar nuestro ser y crecer en evolución en los diferentes cuerpos que nos integran (físico, vital, mental, astral, causal, alma y átmico).

También, en esta Sociedad se presenta como Asociación Gnóstica de Estudios Antropológicos, A.C. (AGEACAC), porque en ella se estudia al hombre, en sus vertientes mística, científica, filosófica y artística, buscando los principios gnósticos en las culturas antiguas. Es un grupo relativamente cerrado, en el sentido de que se cuida la secrecía de algunos de los conocimientos brindados, por la relevancia, responsabilidad y poder que ello conlleva.

Existen otros grupos gnósticos, que siguen otras normas y otros líderes. La Asociación a la que yo me refiero es a la que fundó Samael Aun Weor, quien nació bajo el nombre de Víctor Manuel Gómez Rodríguez, en Colombia.

Tenía yo 16 años de edad cuando me llamó la atención un cartel donde se anunciaban conferencias sobre varios temas del misterio, entre ellos el de los OVNIS. Acudí, y resultó que ese día no tocaba conferencia de ese tema, entonces ya no regresé... hasta 18 años después, a mis 34 años de edad. Llevo ya doce años discontinuos acudiendo a esta Escuela Esotérica, donde he aprendido a conocerme más, a manejar energía para protegerme o para enviarla en una cadena de personas, a meditar, orar y mantralizar. Aquí he ampliado el conocimiento de los chakras, de mis cuerpos interiores y me han revelado muchos misterios (menores y mayores). En mi caso, he avanzado en conciencia y en nivel, aunque no me permiten presumir los detalles de esto. Y como no me dejan decir demasiado de esta Escuela, necesitas experimentar para opinar, escuchar para saber y entonces comentar. Algunos van y se quedan, otros desertan. Otros vuelven, como yo, después de un tiempo y entonces nos quedamos. En la Gnosis hay conocimiento, rituales, oraciones, meditaciones, lecturas, prácticas, autoobservación, despertar de conciencia, aniquilación del del ego, etcétera......y cadenas (de sanación, fuerza, espiritualidad, etc.) que se realizan en grupo.

Un gnóstico famoso, aunque no mucha gente lo sabe, fue Mario Moreno "Cantinflas". Hace pocos años, su hijo apenas había descubierto que había sido "masón", sin comprender la diferencia de esto con lo Gnóstico.

La Gnosis maneja lo que llaman 'Psicología Revolucionaria', la cual se centra en concebir al hombre como algo más que un simple cuerpo físico.

Aborda su parapsicología, sus 7 cuerpos, la urgencia de aniquilar los yoes o egos y el despertar conciencia para obtener un cambio realmente trascendente, a través de la meditación, mantralización, oración, autorreflexión, autoobservación y otras técnicas que colorean todo un proceso.

Algunos de los temas que se manejan son los siguientes: Meditación. Mantrams. Disolución del ego. Árbol de la Vida y Cábala. Tarot. Sexualidad sagrada. Los Chakras y cuerpos energéticos. Misterios de la Muerte. Los OVNIS y los hermanos del Cosmos. Meditación y oración. Conjuraciones y protección energética. Las 7 razas y los tipos de hombre. Los tipos de Mente. Los regentes de los planetas. Líneas de la vida. Revolución de la Conciencia. Esencia, personalidad y ego. Pranayama. Antropología gnóstica en los antiguos. Karma y Dharma. Pentagrama esotérico. Leyes universales. Transformación de impresiones.

"Con creencias no te vas a autorrealizar, se necesita la práctica y la congruencia en todos los lugares que estés". Instructora Gnóstica Claudia Ortiz "Más vale una hora de mantralización (vocalizar mantrams) que leer un libro entero".
Samael Aun Weor

Expongo brevemente un modo que complementa mi vida, un camino útil para muchos, compatible con otras religiones. Una opción que no es la única y que para valorarla se necesita conocerla y experimentarla. La Gnosis no es una Escuela Académica, es una Escuela Esotérica, a nivel de los rosacruces y masones por abordar muchos temas parecidos, aunque con sus diferencias particulares. Los grupos gnósticos tienen presencia en varios países.

3.6.- CABY

Dentro de mis materias de la carrera de Psicología, en sexto semestre hubo una que me la facilitó una docente que en aquel momento era Maestra en Terapia Gestalt (actualmente tiene grado de Doctorado), Claudia Yáñez Velasco, a quien cariñosamente apodábamos "Caby".

Ella representó mi primer shock significativo en cuanto a que, hasta ese momento, yo era un estudiante muy tendiente a lo intelectual, alejado de lo emocional y lo corporal. Renegaba de su estilo y de sus clases, y hasta falté a varias de estas, con las consecuentes reprobaciones y luego calificaciones aprobatorias bajas.

Gradualmente, fui cambiando y valorando su persona y profesionalismo, hasta que incluso acepté ser parte de su proyecto en un Grupo de Encuentro extra clases que llamó 'Círculo Mágico', el cual estaba basado en un Manual colombiano ('Mi Proyecto de Vida'). Se trataba de hablar personalmente sobre diversos temas como: proyecto de vida, sexualidad, valores, pareja, defectos, virtudes, etcétera. En ese grupo ella aplicaba fundamentos de

Terapia Gestalt para facilitarnos las sesiones.

Llega el noveno y décimo semestres y la elijo para que sea mi asesora para mi proyecto de titulación, que fue un Ensayo sobre 'La Teoría de la Personalidad de Carl Rogers' (Académicamente, por lo menos en mi Facultad y en aquellos tiempos, era mucho más conocido Carl Rogers que Fritz Perls).

Después de un año de grandes sacrificios para investigar, corregir y escribir, fue aprobado el Ensayo. Y dentro de lo que valió más para mí, y para otros, fue el capítulo introductorio sobre el método fenomenológico.

3.7- ENRAIZARME

La terapeuta María Cristina Tena Campero, me terapeó a principios de 2005. Fue la primera persona que lo hizo de manera profunda y con métodos bioenergéticos y de Gestalt. Fue una influencia importante para mí, además de que me auguró que me esperaban varios logros en mi vida cómo Psicólogo y como escritor. La recuerdo con agradecimiento y respeto, falleció en el 2018.

Acudí a 4 sesiones grupales con ella. La observé trabajar terapéuticamente con varias personas. Con la gran mayoría, incluso conmigo en 2 ocasiones que me facilitó terapia, comenzaba pidiéndoles que adoptaran una postura de enraizamiento para 'toma de tierra', derivada de la Bioenergética de Alexander Lowen. Consistía básicamente en estar parado, tener los pies separados, las rodillas ligeramente flexionadas, dejando salir el vientre y sin forzar la respiración. Así nos dejaba durante unos minutos, hasta que algo sucedía, algo emergía, algo salía del cuerpo o la garganta, y de ahí en adelante fluía la terapia.

Acorde al tema, he de decir que en el Instituto INTEGRO, algunos Maestros también nos facilitaron esta y otras posturas bioenergéticas en los ejercicios terapéuticos grupales e individuales.

3.8.- MANTENIMIENTO Y 'LIMPIEZA'

EN CURSOS Y TALLERES

Lo recibido en estas oportunidades también ha contribuido a limpiar mi mente, cuerpo y corazón. Terapias de contención, sesiones de capacitación y reeducativas, actualizaciones y novedades. Receptivo ante lo que me facilitan compañeros de otras Instituciones. En los últimos años, las capacitaciones y "limpiezas" que he recibido, han sido básicamente dentro de las temáticas de violencia de género y farmacodependencia; donde se cumple el doble propósito de capacitarme para luego yo facilitar grupos, y 'limpiarme' para evitar el *burnout* laboral. Específicamente, en estas últimas semanas realicé un curso online de Fundación Oceánica y CONADIC sobre 'Tratamiento Especializado del Paciente con Trastorno por Consumo de Sustancias'; y otro curso (presencial) en la Clínica 'Sawabona Shikoba' sobre actualización en el Modelo de Comunidad Terapéutica, con el Consejero en Adicciones Pedro Aceves, que vino de la Comunidad Terapéutica Casa La Esperanza, de Tonalá, Jalisco.

3.9.- MIS PADRES Y MIS MAESTROS

"Si he visto más lejos es porque estoy sentado sobre los hombros de gigantes".

Isaac Newton

La casi totalidad de las palabras que me han dicho mi padre, madre, familiares, amistades, seres queridos, parejas, profesores y Maestros, no las tengo presentes, no las recuerdo en este momento, han de estar arrinconadas y empolvadas en algún lugar de mi cerebro. Lo que normalmente tengo presente y recuerdo mucho más son sus imágenes, sus actitudes, sus sentimientos expresados, su trato, su acompañamiento, su ejemplo y comportamiento. Ahí está lo que aprendí de ellos, lo bueno y lo no tan bueno.

Los consultantes también han sido mis maestros. Cuando un consultante entra a mi espacio, sé perfectamente que habrá un intercambio de interacciones de energía emocional, de sabiduría, de experiencias, de enseñanza-aprendizaje.

4.- INTERVENCIONES INDIVIDUALES

Las intervenciones individuales las organicé en 4 rubros principales: constelaciones individuales, psicología en entrevista a personas privadas de su libertad, intervenciones en crisis, e intervenciones con técnicas de integración cerebral y energéticas. En realidad, a veces hay mezclas de estos rubros, sin embargo, destacaré lo que me hizo figura y para propósitos de exponer los casos y la manera en que facilito terapia. Evidentemente no publico los nombres de los consultantes, quienes en su gran mayoría fueron atendidos en un Centro Penitenciario, otros en comunidades rurales o urbanas y otros más en mi casa.

4.1- CONSTELANDO EN SESIONES INDIVIDUALES: USO DE MONITOS, MUÑECOS Y MÁS...

Para realizar una sesión psicoterapéutica donde se usen elementos de Constelaciones Familiares aplicados a una sola persona considero que es importante y necesario que el facilitador haya experimentado algún enfoque de psicoterapia las Constelaciones Familiares y otros enfoques complementarios (que mencionaré más adelante) tanto como alumno como paciente y representante.

Es decir, que cuente con los elementos básicos estudiados y vivenciados, además de que con cada consultante surgirá una sesión única, nunca igual a las sesiones que con él o con otra persona se presenten en otro momento.

Comprender que en una sesión psicoterapéutica si contáramos con la preparación adecuada entonces podremos recurrir a otras técnicas que complementen o profundicen lo emergido de la constelación aplicada en la sesión individual. Por ejemplo, yo recurro a técnicas y elementos de Terapia Gestalt, PNL, EMDR, EFT, entre otras.

De por sí, el enfoque de Constelaciones Familiares integra aspectos de Hipnosis Ericksoniana (uso de metáforas, cuentos, observación de comunicación no-verbal y paraverbal); Terapia Gestalt (Autorregulación organísmica, fluir en el aquí y ahora); Terapia Sistémica (interacciones en miembros de un sistema); Psicología Transpersonal (nociones de Alma, energía individual y familiar, etc.).

El arte y la creatividad aplicados a la sesión dependerán del facilitador y del consultante. El facilitador preparará, comprará o conseguirá el material que crea pertinente, así como también estará al pendiente de las reacciones, movimientos y sensaciones del consultante.

La orientación fenomenológica es requisito para todo el trabajo de constelación, tanto para el facilitador, el consultante, y los representantes (si hubiera más personas). Para entonces estar en concordancia con la realidad, el encararla y asentirla tal como es. Exige valor como una actitud libre de miedos a lo que se percibe. También, esto significa que no en todas las ocasiones habrá éxito o resolución favorable de los motivos de consulta expuestos, teniendo en cuenta que en los casos que no hubo solución hay varias posibles causas: resistencia del consultante; errores grandes o graves en la aplicación o comprensión de la constelación individual; oposición del Gran Alma o del Alma Familiar; karma que es necesario que experimente el consultante; etcétera.

Conocimiento, integración de técnicas, experiencia, arte y fenomenología son entonces las 5 puertas que podríamos abrir en las constelaciones individuales. Explorando cada entrada por los caminos de nuestro andar y comprendiendo las huellas del consultante que se permite esa oportunidad.

Es importante conocer los fundamentos de Proyección (en dibujos y test psicológicos):

Cuadrantes (con base en el consultante): laterales izquierdo-derecho, arribaabajo.

Distancia: cercanías, alejamientos, invasión de espacio, etc.

Tamaño: de la ficha, muñeco, plantilla, u otro material utilizado.

Tipo de Figuras: Muñecos, monitos, fichas, plantillas, sillas, figuras geométricas, siluetas, esculturas, dibujos, cartas de tarot, tapas de envases y de botellas, figuras geométricas, fotografías en porta-fotografía, imágenes, así como objetos y prendas anclados a determinada persona o elemento representado.

Tipo de Material: plástico, fomi, madera, cartón, plastilina, barro, peluche, tela, metal, yeso, papel, etc.

Sobre el consultante es importante observar y darnos cuenta

de su:

Actitud: Confianza-desconfianza, rechazo-aceptación, etc.

Movimientos y micromovimientos: (de manos, pies, ojos, cabeza).

Sensaciones: comodidad, incomodidad, frío, calor, etc.

Sentimientos: primarios, secundarios o transgeneracionales, según Hellinger.

Palabras: lo que proyectan.

Tonos, timbres y modulaciones de voz (lo paraverbal).

Comunicación no-verbal: posturas, expresiones en el rostro, movimientos, etc.

Otros: tardanza en elegir una figura, distracciones, intelectualizaciones, reacciones autógenas y remoción de energía, etc.

Considerar las características de los muñecos o figuras elegidos:

El tamaño -en proporción a otras figuras representadas-, el color, el tipo de material, la expresión en el rostro, postura, vestimenta, edad aparente, objetos que porta, etc.

A las fichas, tapas, cartón, entre otros, se les puede usar considerando a los hombres con figuras cuadradas y a las mujeres como figuras circulares. Además de representar la mirada en las figuras como un pequeño triángulo, tal como se ve en los diagramas que aparecen en los libros de Bert Hellinger.

Los muñecos o monitos se pueden conseguir nuevos (por ejemplo, de Playmobil) o usados, habiendo una gran variedad de tamaños. Yo suelo comprarlos algunos nuevos y otros de reúso ("usados") en tiendas donde existen juguetes usados.

4.2- AL ENCUENTRO DE PERSONAS PRIVADAS DE SU LIBERTAD EN UN CENTRO PENITENCIARIO

"El jugador (de fútbol) entra a la cancha con la intención de engañar al árbitro y sacar provecho para ganar el partido"
Arturo Brizio
Ex árbitro internacional mexicano

Hablaré de mi experiencia de 17 años laborando en el Centro de Reinserción Social de Manzanillo (Colima, México), en cuanto a las relaciones psicólogopersona privada de su libertad-psicoterapeuta. Seré breve porque por obvias razones de ética a mi profesión y a la institución a la que pertenezco, no puedo extenderme en mecanismos específicos de evaluación, monitoreo, calificación, diagnóstico, entrevista, estudios de evolución, estudios de beneficio, entre otros.

La persona privada de su libertad, antes llamado reo, preso, prisionero, etcétera, generalmente se presenta ante el psicólogo/psicoterapeuta con actitudes de tensión, ansiedad y temor. Esto porque en los primeros días que tiene de haber ingresado a la cárcel es remitido a evaluación psicológica de turno, donde primeramente se le aplicará una entrevista psicológica, y en los próximos días una batería de pruebas objetivas y proyectivas. La persona recluida suele mostrarse en esos casos como un individuo mayormente desconfiado de proporcionar información de su pasado, así como de su historial delictivo, de sus traumas y reticente de exponer sus problemas familiares a un desconocido que hace su mayor esfuerzo persuasivo para entablar empatía y una relación de confianza –rapport- con el inculpado.

Se ingresa a la institución cargado de problemas relacionados a su situación jurídica, a la deshonra de su imagen ante la sociedad que lo juzga negativamente mucho antes que lo hace un juez, lidia también con días y horarios para ser visitado por sus familiares.

Además, el inculpado se despoja de su ego tan sólo al entrar a ser parte de una estancia donde convive con personas acusadas por otros delitos.

Por otra parte, también es conducido a realizar obligatoriamente pruebas psicológicas para integrársele un expediente del departamento de Psicología.

Los datos aportados son contrastados con los demás departamentos (Trabajo Social, Medicina, entre otras) para detectar inconsistencias. Asimismo, los datos de sus antecedentes penales y de vida en reclusión en otras cárceles también son investigados en la medida de lo posible para verificar la veracidad y honestidad del entrevistado.

Los primeros minutos de la entrevista psicológica son un duelo entre dos escrutadores que se miran detalles de ropa, gestos, posturas y movimientos. Es un combate entre dos que tienen propósitos diferentes: el entrevistador quiere obtener la mayor cantidad de información sobre el estudiado; y éste acude no como "conejillo de indias" sino como alguien mayormente con la intención de "medir, calar o probar" al entrevistador para determinar si logra mantener su máscara inviolable, su armadura intacta, su imagen a salvo.

Lo cierto es que, más allá de su inocencia o culpabilidad,

en menor o mayor medida, la persona privada de su libertad miente, minimiza, exagera, intimida, evade y manipula la información de su vida, aunque también sufre, llora, calla, ríe, denuncia, propone y hasta se engancha.

Es una realidad que nos interesamos más por su historial negativo que por sus logros. Antecedentes penales y preventivos; historial de conductas antisociales y parasociales; sanciones recibidas en las áreas de escuela, trabajo y reclusiones anteriores.

Es posible que esta visión pesimista que se maneja en la institución les parezca "deshumanizada" a más de uno. Sin embargo, es conveniente decir que aquí no es el cielo ni se entrevista ángeles. Se trata de aplicar las estrategias y técnicas que la experiencia ha mostrado que proporciona efectividad y aciertos, por la seguridad de todos y para poder ayudarlos de mejor manera.

En ocasiones, el entrevistador se enfrenta a un inculpado que ingresa traumatizado por aparentes torturas físicas y/o psicológicas –independientemente de si son verdaderas o inventadas– realizadas por otras instancias que anteceden a esta institución. Así que una de las primeras tareas a realizar por el psicólogo, en conjunto con el psicoterapeuta, es destraumatizar y relajar al interno, para que se inicie una adaptación a este Centro. Siendo chocante para varios de ellos enfrentarse a autoridades que al aplicarles medidas disciplinarias los obligan a cumplir órdenes a las que no estaban acostumbrados.

Los que están aquí (más de allá de su culpabilidad o inocencia) son un mosaico extraído de la sociedad a la que pertenecemos, los hay sin resonancia emocional, sanguinarios, seductores, histriónicos, depresivos, introvertidos, líderes, artistas, militares, pandilleros, narcotraficantes, secuestradores, violadores y asesinos.

Aquí las películas sobre cárceles no reflejan la realidad de este entorno.

Afortunadamente, es un Centro penitenciario que no está como la mayoría del país, que suele estar a la vanguardia en el estado, y en el país ha sido ejemplo en algunos momentos, por la calidad demostrada, en seguridad y en trabajo técnico, Los inculpados

o presuntos inocentes, son personas que buscan desesperada-
mente mostrar una buena imagen de sí mismos ante quien los
entrevista, por lo que echan mano de una variedad de recursos
para tal fin, por ejemplo, usando diferentes mecanismos de de-
fensa como intelectualización, racionalización, supresión, negación, proyección, quejas y rechazo de ayuda, entre otros.

RELACIÓN PSICOTERAPEUTA-PERSONA PRIVADA DE SU LIBER-TAD

Cuando el/la psicoterapeuta tienen contacto con la persona privada de su libertad es porque en general este ya está diagnosticado, por lo que se inicia la fase del trato con mayor calidez.
Entran en acción las estrategias del enfoque de la Psicoterapia
Gestalt, es decir, empatizar, hacer contacto, facilitar, enseñar,
reflejar, transferir, etcétera.

Es aquí cuando se retoman o exploran los recursos positivos con
que cuenta la persona, indagando sus éxitos, logros y experiencias positivas de su presente y pasado. Con el objetivo de facilitar su proceso terapéutico.

El terapeuta echa mano del expediente psicológico donde se
plasmó el estudio inicial de personalidad (rasgos, diagnóstico,
características y propuesta de tratamiento psicoterapéutico)
para tener una visión más completa del consultante al que le
facilitará las necesidades que se vayan presentando en la dinámica de las sesiones individuales o grupales.

Se entabla una relación de confianza donde la mayoría de los
interesados terminan accediendo a contar pasajes de su vida y
piden ayuda al terapeuta para resolver sus problemas; dándose
esto en un contexto donde a sabiendas ya de que están más o
menos adaptados a la institución y de que ya no tienen nada que
perder sino cualquier cosa por ganar es cuando bajan la guardia
y descubren sus sentimientos, emociones y creencias verdaderas.

Por otra parte, cuando hay cambios emocionales o espirituales
profundos en una persona privada de su libertad, hay sorpresas
y hasta libertades.

Importante el ejemplo o modelado que demos ante los consultantes, desde la vestimenta, la ética como trabajador, higiene, actitudes, humanismo, etcétera.

Independientemente del delito que se les acuse, que hayan sido sentenciados como culpables o que ellos aleguen ser inocentes, hay que tratarlos como seres humanos. Yo les digo que mi mano siempre estará extendida para apoyarles cuando ellos así lo decidan.

Muchas veces, de manera directa o velada, las autoridades penitenciarias (administrativas, de seguridad y técnicos) esperan demasiado de los psicólogos y psicoterapeutas, para que "curen" o "sanen" a las personas privadas de su libertad, cuando en realidad nuestra función es facilitarles el cambio que ellos mismos trabajarán. No somos magos, curanderos ni chamanes para que el consultante se transforme radicalmente en una sesión, ni siquiera en pocas. El tratamiento psicoterapéutico es a mediano y largo plazo (meses o años) para esperar la posibilidad de cambios significativos en sus áreas vitales.

4.3- 25 CASOS DE INTERVENCIONES EN CRISIS

Sin acudir a definiciones rebuscadas, entiendo 'crisis' como un estado en que la persona está vulnerable mentalmente (y hasta biológicamente) por alguna situación emergente, urgente o crónica, que le ocasiona malestares significativos en su sensación, pensamiento y sentimiento.

Y la intervención en crisis la entiendo en este momento, y para los efectos de lo que escribo, como el abordaje psicoterapéutico de las crisis de pacientes que he atendido, tanto en mis trabajos institucionales (en una cárcel estatal) como fuera de estos lugares, en comunidades rurales y en lugares privados.

En esta temática intentaré explicar la manera en que me ha tocado facilitar intervenciones en crisis. Aunque confieso que no es sencillo describirlo con palabras escritas, por lo que por muchos años demoré escribir esto. Lo hago fenomenológicamente, no científicamente, por lo que no busco demostrar nada, solamente compartir. Cabe decir que los pasos a seguir en las intervenciones en crisis que realizo no suelen ser lineales, sino más bien curvas, cerrando al final la figura trazada, que siempre es diferente en cada caso. Por lo que la secuencia que menciono solamente es para señalar un aparente orden concreto: no me apego a un enfoque terapéutico exclusivo, retomando algunos elementos de dichos enfoques, lo que pudiera ocasionar picor en algunos puristas de la Gestalt,

Psicología energética, EMDR, Constelaciones Familiares, etcétera. Mi estilo es más bien plural y fenomenológico, aunque en ocasiones directivo. Y facilito lo que considero necesario en tal momento, en esa circunstancia, para esa persona en específico, con su permiso o disposición, y con su particular necesidad / problema / conflicto a tratar.

Con este capítulo no pretendo dar cátedra, solamente compartir mis experiencias, a pesar de las dificultades que implica el medio textual, de más de 20 años como psicólogo y/o psicoterapeuta (17 de ellos laborando en una prisión) en más de 400 intervenciones en crisis, principalmente en los últimos diez años en que he estado aplicando la preparación terapéutica de postgrado académica y también de autodidacta.

En otro lugar de mi Blog comentaba que no me gusta detallar demasiado los casos, por lo que al buen entendedor pocas palabras. Por último, a los lectores de este texto, les comento que los más de 20 casos descritos aquí son reales e inéditos (nunca antes expuestos) que me hicieron figura como una muestra de las más interesantes para mí., protegiendo la identidad de los consultantes y habiendo sucedido en las condiciones precisas de aquél momento en aquél lugar, con aquél consultante con todo lo que era y tenía yo en ese entonces y allí.

Siendo obvio que estos casos requirieron seguimiento psicoterapéutico de más sesiones posteriores.

Las situaciones de crisis en que he intervenido como facilitador, en una Institución carcelaria son:

1.-Inicio y seguimiento de duelo por la muerte o pérdida (abandono o separación) de un ser querido.

Es común que facilite la técnica Gestalt de silla vacía, aunque agregándole de mi cosecha en algún momento de este proceso, por ejemplo, juntar la silla vacía con la silla ocupada por el consultante, resultando que este siente más intimidad en su diálogo imaginario. Dejo que en el consultante fluyan las lágrimas, aunque cuando es momento de que responda una pregunta le digo que se recupere inhalando profundamente por la nariz y reteniendo varios segundos (entre 5 y 8) el aire para luego exhalarlo por la boca. Es importante recalcar la fase de retener el aire inhalado, para que se oxigene y purifique el aparato respiratorio, aparte de que esto contribuye a la respuesta de relajación. La descarga de emociones en objetos neutros (como cojines) o en sus rodillas (bilateral / alternadamente y sin que llegue a lastimarse) permite el desahogo de estas y después se complementa con la resignificación de lo experimentado sobre el asunto tratado. El pañuelo o servilleta lo suelo ofrecer al paciente hasta la parte última de la sesión, para evitar entorpecer o inhibir el sentimiento expresado. También es importante el uso de elementos de la variante EMDR denominada Comunicación Después de la Muerte Inducida o 'IADC' (abreviatura de Induced After Death Communication, en inglés) del Dr. Botkin. Esta terapia se basa en inducir un estado de REM (Rapid Eye Movement) manteniéndose la persona despierta, tal como hacen en el EMDR. Cuando se alcanza ese estado, los pacientes reportan poder ver y conversar con seres queridos fallecidos o compañeros de armas muertos en combate y, ocasionalmente, también con sus enemigos ya muertos. Al mismo tiempo, ayuda a los pacientes a ponerse en contacto con las emociones básicas relacionadas con su dolencia. Como resultado de esta terapia, con solo una o dos sesiones breves, los pacientes muestran una clara mejoría y se sienten como si un gran peso hubiera sido quitado de sus hombros. Adicionalmente, el temor a la muerte desaparece en pacientes tratados con IADC. Según Botkin, muchos pacientes en duelo experimentan tres emociones: culpa, rabia y tristeza. Descubrió que la culpa y la rabia solo servían para proteger al paciente de su profunda tristeza y comenzó a presionar a sus pacientes para ir directamente a su tristeza de fondo, puenteando la culpa y la rabia. Comprobó también que los pacientes respondían mejor cuando, tras una sesión de movimientos oculares (también se pueden usar otros tipos de estimulaciones bilaterales), cerraban los ojos. Entonces, al centrarse en la tristeza, la culpa y la rabia desaparecían.

Ejemplos: Me canalizan presos que minutos u horas antes les comunicaron la noticia (vía telefónica o en persona) que había fallecidos un ser querido. Así como por contar con familiares alejados voluntaria o involuntariamente (ver Casos 8, 9 y 24).

2.-Inicio y seguimiento de transtornos adaptativos reactivos a la prisión.

a).-Depresión: Valorar si es una depresión crónica o aguda, así como endógena (orgánica) o exógena (reactiva al medio ambiente). ¿Recibe o no tratamiento médico/psiquiátrico? Relacionada o no con un duelo. Dice Nana Schnake que a veces las depresiones están relacionadas con agresiones retroflectadas. Y Jorge Bucay comenta en un cuento que a veces la furia se pone el vestido de la tristeza. Esto se observa con frecuencia en muchos presos. La depresión aguda (reactiva) es por algún acontecimiento que le está afectando y ante lo cual reacciona así, sin importar si es del pasado o del presente.

Ejemplos: Pensamientos catastrofistas, sufrimiento por tener familiares enfermos, recepción de notificaciones de sentencias largas, etcétera (ver Casos 1, 2, 5, 8 y 16).

b).-Ansiedad: Alguien dijo que la ansiedad es exceso de futuro. El llorar antes de que nos peguen nos pone ansiosos. Tener ansia es querer forzar un deseo, consciente o inconscientemente. Es un puente hacia la adicción, hacia el descontrol de los impulsos. En el caso de los presos, se ponen ansiosos por la falta de visita familiar; por esperar que culmine el proceso jurídico y les dicten sentencia; por la falta de un cigarro para fumar; por ser agredidos o acosados por otros presos, entre otras cosas. En los primeros días de haber ingresado a prisión, los presos suelen estar ansiosos (ver Casos 3 y 19).

c).-Prisionización: Mejor conocida como carcelazo, es un fenómeno que le ocurre a los presos que se saturan o estresan de lo que implica estar en prisión, como lo es la privación de la libertad, la relación con otros presos o con autoridades, así como por sus necesidades no satisfechas. Para que llegue este fenómeno de prisionización, pueden pasar horas, días o años, y a muchos les llega, aunque a diferente intensidad.

En una intervención en el ámbito carcelario no se deben olvidar cuales son los efectos de la prisionización, los cuales son observable a distintos niveles (Del Rincón y Manzanares, 2004).

-Biológico: aumentos del instinto de ataque al no ser posible la huida, problemas para conciliar el sueño, problemas de privación sexual, sensoriales (visión, audición, gusto, olfato...).

-Psicológico: pérdida de la autoestima, deterioro de la imagen del mundo exterior debido a la vida monótona y minuciosamente reglada, acentuación de la ansiedad, la depresión, el conformismo, la indefensión aprendida, la dependencia.

-Social: contaminación criminal, alejamiento familiar, laboral, aprendizaje de pautas de supervivencia extremas (mentir, dar pena, etc.). (ver: http://psicologosforenses.blogspot.mx/p/carcelazo-o-prisionizacion.html)

d).-Intolerancia a frustraciones: Fracasos penitenciarios, necesidades insatisfechas (sexuales, económicas, jurídicas, familiares, alimentarias, impacto negativo de información jurídica y penitenciaria, etc.) (ver Casos 7, 17 y 18).

e).-Desadaptación de extranjeros: Con extranjeros se puede trabajar terapéuticamente a través de dibujos, estimulaciones bilaterales, posturas relajantes, tapping EFT, descarga de emociones en objetos neutros, que desahoguen sus frustraciones escribiendo una carta, entre otras actividades. Y hay que usar señas, algunas indicaciones ya elaboradas por escrito o en tarjetas –con textos en el idioma del inculpado-, así como uso de la imitación para posturas o movimientos.

f).-Inicio y seguimiento de transtornos conversivos y de somatización: He mirado que algunos presos somatizan sus necesidades / problemas / conflictos en forma de dolores (en cabeza, abdomen, pectorales, etc.), adormilamiento o parálisis de alguna extremidad corporal, dificultades en la respiración, entre otras (ver Casos 12, 14, 21 y 25).

3.-TEPT por privaciones a las que afirman haber sido sometidos en su pasado reciente:

Algunos inculpados ingresan con evidentes secuelas físicas y psicológicas de TEPT (**Transtorno de Estrés Pos Traumático**) de haber sido torturados por agentes policiacos o por miembros de la delincuencia organizada. Ejemplos: en el exterior, me ha tocado atender mujeres víctimas de violaciones, abusos sexuales y violencia de sus parejas, TEPT por secuestro y abuso sexual.

Por cierto, en el caso de mujeres violadas o que fueron objeto de abuso sexual, es común que al principio se trabaje con terapia encubierta (sin que me platiquen detalles), porque aún no está preparada para dar detalles de lo ocurrido –por la gran carga emocional-, por lo que se les guía con ejercicios de visualización, manejo de submodalidades y estimulaciones bilaterales diversas (ver Caso 20).

4.-Fenómenos inesperados en una terapia grupal:

Llanto o sollozo repentino, temblores, convulsiones, silencios prolongados, aplanamiento afectivo, sueño profundo al relajarse, bullyng, personas desafiantes, indisciplinas, personas desinteresadas (ver Caso 13).

5.-*Transtornos relacionados con el sueño:*

Tuve la fortuna de darme cuenta y retroalimentar docenas de entrevistas que el psiquiatra Celestino Núñez realizó a presos; y de lo que más me llamó la atención es que es muy frecuente que al principio de la entrevista procura preguntarles a sus pacientes sobre si concilian el sueño o no, porque este es un factor determinante para saber si tienen algún transtorno, además de que con este tipo de preguntas no sospechan del verdadero trasfondo de lo que quiere saber el entrevistador para sospechas cuadros de psicosis, delirios, depresiones, entre otros transtornos que incluyen anomalías en lo relativo a la conciliación y contenido del sueño.

Insomnio: El Dr. Ludwig Johnson dice que es por falta de magnesio. Acá en psicoterapia consideramos que pudiera estar esto relacionado con preocupaciones y pensamientos obsesivos o culposos.

Terrores nocturnos: Algunos presos presentan este transtorno y se levantan alterados en la madrugada y sin recordar el contenido del sueño (a diferencia de la pesadilla que sí se recuerda). Se sugiere en estos casos aplicar estimulaciones bilaterales antes de conciliar el sueño y también al despertar abruptamente por el terror nocturno. A las madres que tienen hij@s y mientras duerm en ell@s tienen movimientos tensos, gritos, lágrimas o cualquier otro signo que nos indique malestar entonces es importante aplicarles en ese momento estimulaciones bilaterales táctiles o auditivas con algún sonido especializado, también se puede facilitar que el afectado encuentre un brainspot (consultar las técnicas del Brainspotting de David Grand) que le proporcione serenidad, por ejemplo, audios de Coaching Wingwave, audios bilaterales de EMDR, audios biolaterales Brainspotting de David Grand.

Pesadillas: Otros individuos despiertan al día siguiente siendo conscientes de que soñaron pesadillas y por lo tanto no descansaron lo suficiente y presentan malestares. La pesadilla, porque se recuerda el contenido del sueño, se puede trabajar proyectivamente al estilo de Fritz Perls, también dándole finales alternativos y estimular bilateralmente o buscando un brainspot que reactive la pesadilla y trabajarla al momento (ver Casos 6, 11 y 19).

6.-Intoxicación y síndrome de abstinencia de drogas legales o ilegales:

Intoxicación por droga: Me ha tocado atender a algunos en ese estado y puedo decir que no es recomendable intentar psicoterapia en estas condiciones, por la fuga de atención, a veces paranoia y en ocasiones un franco rechazo de parte del paciente, aparte de que exponemos nuestra seguridad e integridad. Uno de mis peores errores de novato fue cuando hace más de 20 años, al estar de voluntario en un Centro de prevención y atención a farmacodependientes (CIJ) acepté, por insistencia de una señora desesperada, acudir a un domicilio a asesorar psicológicamente a su hijo. Fui, lo encontré drogado con varios amigos también en esas condiciones. Obvio que después del rapport express a los pocos minutos me retiré, a pesar de que no me querían dejar ir esos muchachos. No volví a cometer ese error. Dentro de la cárcel, cuando un preso está bajo los efectos de un medicamento controlado (o sea, droga controlada, aunque hagan muecas los psiquiatras) pues no es viable el abordaje psicoterapéutico.

Síndrome de abstinencia: Es lo que algunos le llaman "la malilla". En este conjunto de síntomas se necesita la colaboración de un médico que atienda al que se abstiene de drogarse, forzado por las condiciones del lugar y que por supuesto requiere de medicamento especializado, además de psicoterapia.

7.-Conflictos con figuras de autoridad:

Por recepción de sanciones, agresiones hacia las autoridades, desacatamiento de órdenes, enganches proyectivos, y otros. Aquí se trabaja facilitando el darse cuenta de los consultantes, que descubran sus proyecciones y lazos con figuras de su pasado (paterna, maternas, educadoras), para que comprendan y superen dichas proyecciones, y así tener mejores relaciones con las figuras de autoridad de su presente.

8.-Autoagresiones:

Determinar si existe o no peligro de que se autoagreda frente a nosotros, o si fuera necesario que esté presente un médico o enfermero al momento de aplicarle psicoterapia. Clarificar si es un intento grave o leve.

Para cualquier intento o comisión de autoagresión es importante tener protocolos institucionales de actuación, tanto para las figuras de autoridad como para los terapeutas que se involucren en el abordaje de estos casos, además de referir un reporte con diagnóstico y pronóstico.

Intentos suicidas: Suelen realizarlos personas con personalidad límite (borderline). En el Centro penitenciario donde laboro, aparte del abordaje psicoterapéutico y médico, se analiza la posibilidad de aplicar la sujeción gentil, es decir, de impedir (sujetadas sus manos con vendas el tiempo necesario) para que se vuelvan a autoagredir si es que esa fuera su intención. También, recordemos que los de personalidad borderline (límite) tienen como características vacío existencial, conductas temerarias y agresivas, así como ideaciones suicidas y la alta probabilidad de intentarlo. (Ver caso 22)

Autoagresión histriónica: Es frecuente que individuos con personalidad histriónica se autoagredan, con el objetivo de llamar la atención de otros, aunque no desean morir, solamente dramatizar y que entonces se les ponga atención para satisfacer sus necesidades afectivas. Y también es cierto que se han reportado casos donde al histriónico "se le ha pasado la mano" y han fallecido al autoagredirse o se les ha complicado de más su intento, pero son los menos de los casos.

Síndrome de Cutting (risuka o self injury): Individuos que sienten placer al ver y sentir desangrar sus venas. Se autoagreden en momentos de alto estrés, por frustraciones o ira contenida. Los que he conocido me señalan que solían hacerlo también porque lo consideraban su última alternativa, al sentirse solos, presionados y abandonados. (ver Casos 10, 12 y 15).

9.-*Víctimas de bullying y/o discriminación (homosexuales, violadores, ancianos, jóvenes, discapacitados, portadores de VIH, etc.).*
Se trabaja el trauma respectivo, las creencias, autoestima, responsabilidad, la relación perpetrador-víctima, etc. Así como la prevención de ser objeto de abuso sexual o el haber sido agredido.

10.-*Manejo de ideaciones obsesivas:*
Este tipo de ideas, que en el argot penitenciario se le conoce como "caniquear" (ideas heteroagresivas, homicidas, vengativas, pesimistas, catastrofistas, eróticas, celotípicas, entre otras). Para desarticular las ideas obsesivas o el "caniqueo" brindo opciones como las estimulaciones bilaterales a través del abrazo mariposa, enfocamiento en brainspots (puntos cerebrales del Brainspotting) que ubican en la pared y que pueden aplicar luego en el panorama que tengan frente a ellos. Además, aquí también ha sido útil desestructurar la creencia que hay dentro de la obsesión o del "caniqueo", a través del manejo de submodalidades de PNL y de tapping EFT y EMDR, para que después reestructure sus creencias. (ver Casos 4 y 23).

11.-*Situaciones críticas mientras he facilitado entrevistas y terapias a presos de alta peligrosidad:*
Lo he dicho muchas veces, respetar sin prejuicios a los presos logra que entres en sintonía con ellos. Así que en casos de cualquier crisis de las mencionadas les facilito su expresión y descarga. En ocasiones se les sugiere abordar la temática espiritual para que ellos reestructuren desde sus creencias espirituales las tragedias que les están ocurriendo. Por ejemplo, he tenido sesiones en la cárcel con narcotraficantes a quienes les han asesinado varios familiares y esto los deprime en duelo. Otros presos que han perdido fortunas o han sufrido el completo abandono de sus familias. Otros que pierden a su pareja mientras están prisioneros. Por supuesto que existen presos desafiantes, indiferentes, manipuladores, inteligentes y hasta rechazantes de la terapia, a

quienes se les respeta su decisión y se les habla claro sobre las reglas de la Institución y que cuando él decida estamos para brindarle servicio de terapia.

Además, he tenido la experiencia de atender presos violentos y temerarios que lloran en alguna sesión que les facilito, guardando por ética su privacidad y agradeciendo ellos la confianza de desahogarse y expresarse sin temor a que los demás se enteren de esto.

12.-Brotes psicóticos:

En este aspecto es más pertinente la atención psiquiátrica o médica, además de cuidar aspectos de seguridad tanto para el paciente como para los que lo rodean. Ya no es frecuente que aborde a este tipo de pacientes porque cuando lo llegué a hacer no percibí cambios relevantes en la mayoría de los que atendí, salvo algunas excepciones.

13.-Bloqueos del consultante:

En los casos que el consultante en crisis está bloqueado, con nudo en la garganta o en shock y no puede hablar, gritar o respirar profundo procedo a facilitarle el liberar la energía de la mandíbula, cuello y/o pectoral a través de que se aplique tapping bilateral alternado en mandíbula y a los lados de la boca (bajo los pómulos, estando la boca cerrada y luego abierta), así como tapping en cuello (para estimular la garganta) y/o en zona pectoral en puntos energéticos del Timo, corazón y las llamadas zonas dolorosas autosaboteadoras ubicadas 5 centímetros bajo la clavícula.

14.-Necesidad de una orientación, guía o reflexión:

En ocasiones, cuando el consultante lo necesita por algo que experimentó durante la intervención en crisis, le muestro un libro de cuentos, se le indica que se concentre en cómo se siente en ese preciso momento y en obtener un mensaje del cuento que le tocará cuando abra dicho libro al azar. Y obvio que no es ninguna casualidad que el cuento que abren está relacionado con lo que estaban sintiendo, encontrando entonces una aplicación o mensaje para resignificar su vida o situación, lo cual comentan después de leer en silencio el cuento de la página derecha que abrieron. En la derecha porque proyectivamente está orientada al presente y futuro, mientras que la página izquierda sería orientada al pasado, aunque algunas veces también se retoma el cuento de esa página, según la intuición del consultante o la mía.

15.-Dolores repentinos en el consultante durante la intervención en crisis.

Estimulo la zona afectada o el punto energético relacionado según señala el EFT (ver tablas de puntos energéticos en mi Blog). La estimulación en el punto energético se puede hacer mediante tapping, masaje, o Touch and Breathe (toque combinado con respiración profunda) con el propósito de que el fondo se convierta en figura y emerja lo que estaba oculto, para entonces trabajarlo con Gestalt u otro método. En las ocasiones que no aparece la figura hay que tomar como alternativa el hacer rondas EFT acompañadas de la frase: "Aunque no sé a qué se debe este dolor de cabeza, me acepto tal como soy", o alguna frase equivalente a esta, adaptada al síntoma que se padezca en ese momento, otro ejemplo sería: "A pesar de que no sé para qué tengo este dolor de estómago, me acepto completamente y confío en Dios". Otra alternativa es que si intuimos con qué está relacionado el dolor o síntoma repentino lo podemos testear (probar) a través del test muscular kinesiológico.

16.-Agotamiento, saturación y liberación de cargas negativas que me afectan como terapeuta.

Hay ocasiones que la intervención en crisis puede contaminarme mental y físicamente antes, durante o después del abordaje. Ante esto, lo que hago es lo siguiente:

Antes: Si noto o intuyo algún malestar en mí entonces me protejo con visualizaciones (burbujas protectoras, por ejemplo) y algunas oraciones espirituales.

Durante: si empiezo a sentir náusea, adormilamiento, agotamiento inexplicable, salivación excesiva o sensación de peligro entonces con una o ambas manos cubro mi plexo solar (zona del diafragma), vuelvo a protegerme con visualizaciones, cierro o cruzo mis manos y/o pies.

Después: Ya que terminé la sesión puedo descontaminarme con el ejercicio de la tarántula (Gimnasia cerebral), rondas de EFT, estimulaciones bilaterales bajo los ojos y en el entrecejo, estimulación de la glándula timo, hacer posturas relajantes y de estiramiento muscular, y después de todo lo anterior beber agua pura o mineral, además de lavar mis manos y rostro, así como también tomar una ducha al finalizar la jornada laboral.

DESCRIPCIÓN DE LOS 25 CASOS DE MIS INTERVENCIONES EN CRISIS

CRISIS 1. *Adolescente que rechaza a su madre entra en crisis depresiva durante sesión individual de terapia.*

Después de que en la configuración de monitos realizada por la consultante se observara evidente el distanciamiento que hay entre ella y su madre, procedo a realizarle preguntas para facilitar su darse cuenta en esa relación. De repente, comienza a llorar y a bloquearse, por lo que le pido a su abuela, ahi presente, que le haga tapping bilateral alternado en los hombros a su nieta, mientras a esta le menciono aspectos sobre el valorar la vida que su madre le dio, el reconocerla y dialogar en este momento con ella en su imaginación. Después, nos detenemos a que trabaje y reestructure momentos traumáticos de su relación con su madre, abordándolos con tapping de estimulaciones bilaterales que su abuela le aplica en hombros y rodillas, además de que yo muevo dos dedos de una mano para que ella los siga con sus movimientos oculares, y también incluyo trabajo con manejo de submodalidades PNL. Realicé varios movimientos graduales en la configuración de los monitos, hasta terminar con su padre y madre en posiciones inmediatas detrás de ella, así como sus hermanos y abuela cerca de ella, a un lado y por delante.

Comentario: En este caso, el hecho de que la abuela estimulara bilateralmente a su nieta en los hombros por atrás, tuvo doble efecto: darle seguridad y contribuir a Ia integración cerebral del conflicto de su nieta. Por otra parte, la línea del tiempo que señaló esta consultante, y con la cual se trabajó también, es que el pasado lo visualiza atrás de ella, el futuro por delante de su cuerpo, y el presente asociado a ella (ni atrás ni adelante).

CRISIS 2. *Afligido porque su abuela materna está gravemente enferma de diabetes y él presiente que ella puede morir en el lapso de un año.*

Se le pide que imagine que está abrazando a su abuela, al mismo tiempo que sus manos realizan el abrazo mariposa (ver: http://www.bernal27.blogspot.mx/2015/06/desentranando-algunas-claves-delemdr.html) y luego el autoabrazo. También, se le muestra cómo puede aplicar EFT a distancia. Y finalmente se trabaja con sus ideaciones catastrofistas.

Comentario: El EFT (Técnicas de Liberación Emocional) a distancia solamente lo planteo como alternativa al consultante sensibilizado en temas de psicoterapia energética que ya ha aplicado en sí mismo, recalcándole que es muy importante que la persona a la que va dirigida su acción le conceda permiso o de entrada le dé el respeto y la honra necesaria. Igual hago con la Reimpronta de Matrices Energéticas de Dawson.

CRISIS 3. *Preso en crisis de ansiedad por haber discutido con algunas autoridades. Comienzo mostrándole una postura para relajar su rigidez corporal.*

Consiste en que entrecruce los pies (el pie derecho encima si así lo considera más cómodo, o to contrario), entrelace los dedos de sus manos en la nuca (zona occipital) al tiempo que mueve sus brazos y omóplatos hacia atrás, para tensar al mismo tiempo músculos de la espalda alta, manos y brazos. Con dos dedos juntos le facilito movimientos oculares en direcciones izquierda-derecha y viceversa, arriba-abajo y viceversa, diagonales, formando círculos, ochos horizontales y verticales, cruces, entre otros. Luego le muestro y realiza movimientos oculares de Integración ocular en una pared. Se agrega manipulación de submodalidades para lo que considera conflicto, imaginando tamaño, forma y color del mismo, además de la "destrucción" del mismo. Se cuestionan y se facilita la restructuración de sus creencias catastrofistas y de relaci6n con las autoridades.

Comentario: La postura señalada no la he visto como tal en algún libro o enfoque, se me ocurrió y funciona, al reportar los consultantes que se relajan al realizarla durante pocos minutos.

CRISIS 4. *Hombre con ideaciones obsesivas de querer agredir o asesinar a otros presos en cuanto los tuviera cerca, porque aseguraba que 2 de ellos habían violado y matado a su hermana.*

Con este preso fueron necesarias varias sesiones parecidas (alrededor de 7) para que la creencia obsesiva se debilitara. Lo utilizado fue estimulación bilateral auditiva con mis manos (golpes en el escritorio y sonido 'tris tras con dos dedos), así como Autoestimulación bilateral en las rodillas y en zona pectoral del propio consultante. También, se autoaplicó rondas EFT en los 14 puntos energéticos principales que sugiere esta técnIca. Y conforme se iba debilitando su creencia obsesiva, iba reestructurando sus creencias con otras alternativas de acción y de adaptación.

Comentario: Las ideaciones obsesivas también fueron tratadas con medicamento psiquiátrico, que contribuyó, junto con to psicoterapéutico, a que disminuyeran significativamente de intensidad, evitándose la comisión de otro delito por parte del hombre en referencia.

CRISIS 5. *Es remitido a este facilitador, un preso que minutos antes reaccionó muy deprimido ante una llamada telefónica que hizo a su pareja.*

Menciona el consultante que se siente 'muy mal' porque su pareja 'se nota mal y esta no le quería decir por qué. Aplico metamodelo PNL para que clarifique sus ideas. Llorando el comenta que se siente impotente y no puede concentrarse.

Luego, facilito colapso de anclas de creencias positivas contra creencias negativas, contenidas en las manos y realizando un gran "aplauso". Procedo a integrar cerebralmente su desconcentración y dispersión, a través del ejercicio 'marcha cruzada', usado en el Psych-K, con marchas simuladas un rato mirando hacia arriba a su izquierda y otro rato mirando hacia arriba a su derecha. En la resignificación y reestructuración de creencias se hace evidente que necesita fortalecer su creencia optimista de estar sereno y confiar en poder resolver esta situación. Entonces, para instalar esta creencia aplico el ejercicio 'Whole Brain' (cerebro integrado), usado en el Psych-K para este fin. Al final, reporta sentirse despejado, listo pare afrontar su situación con su pareja.

Comentario: Otra alternativa para la integración cerebral hubiera sido la estimulación bilateral a través de movimientos oculares, tapping corporal en puntos energéticos (bajo los ojos y zona pectoral, relacionadas con la depresión, confusi6n de pensamientos, plexo solar y autosabotaje),

CRISIS 6. *Persona que dice sentirse incómodo y tener Insomnio, no teniendo idea de cuál sea la causa.*
Intuyo que es un asunto familiar, apoyado en mi señal del test de verificación muscular Omura que me apliqué. Entonces le pido que configure con fichas su familia primaria (padre, madre y hermanos.
Ademes de él). Ahí en esa configuración, es notable su alejamiento de esos familiares, por lo que lo cuestiono sobre lo proyectado en las fiches. Reconoce que esto es lo que lo hace sentir en soledad y sufre por ello. Teniendo claridad en los motivos a abordar comenta entonces conflictos con sus familiares, que son tratados en esa y otras sesiones.
Comentario: El test de verificación muscular que me aplique es el anillo de Omura, usado en Coaching Wingwave, obviamente calibrando primero con mi nombre (el 'on') y con un nombre falso (el 'off). Por cierto, desde hace más de 7 años ya no uso reloj de mano, para que no interfiera con mi campo de energía.
Para los que no sepan, el test de verificación de Omura está

patentado en Estados Unidos de América con el número de patente 5.188.107 - 23 de febrero 1993.

CRISIS 7. Me llega una persona varón, alterado en sus emociones, con ira contenida.

Llega el consultante molesto con su pareja porque esta le indicó por medio de llamada telefónica que ya estaba tramitando el divorcio. Se me ocurre que descargue su ira golpeando dos cojines que sostengo yo en una pared, lo cual acepta. Después de unos minutos se cansa, le pido que respire profundamente durante varios minutos. Resignifica y retroalimenta lo experimentado y lo que reestructura en su sentimiento y pensamiento.

Comentario: Claro que la actividad propuesta tuvo el riesgo de que si por algo hubiera desviado sus manes podría lastimarse o lastimarme, por lo que estuve atento a esas posibilidades sobre la marcha.

CRISIS 8. *Persona que se siente triste por el fallecimiento de una tía y me es canalizado después de que recibe la noticia.*

Menciona que hace unos días murió una tía a la que consideraba como una segunda madre. Durante la sesi6n,
rápidamente a los pocos minutos se le salen las lágrimas al expresar su dolor de esta perdida. Se me ocurre que coloque un cojín presionando su rostro, le indico que cierre los ojos y que imagine que el cojín es una pantalla mental donde se podrá comunicar con su tía fallecida, concentrándose principalmente en la tristeza que esté sintiendo y en los sonidos que yo realizo con mis manos (golpecitos altemados en el escritorio) para emular uno de los fundamentos del IADC de Botkin. Después de varios minutos noto que su lenguaje corporal parece indicar que ya ha cesado su comunicación imaginativa, ante lo cual le pregunto esto y siendo así le doy la alternativa de que se despida y cierre esta comunicación, estando sentado en su silla ya junto a la silla vacía. El preso retroalimenta que se siente despejado y como liberado de una carga.

Comentario: Lo sorprendente de este caso es que afirma que

primero se le vino a la mente su padre (fallecido hacía más de un año) con el cual dialogó, y después su tía fallecida recientemente, con la cual también platicó, despidiéndose de ambos en esta actividad.

CRISIS 9. *Hombre a quien se le informa que falleció una tía a la que consideraba como una madre.*

Se le pide al preso que se concentre en la tristeza que siente por el duelo mientras imagina que visualice a su tía en una silla a su derecha. Al mismo tiempo, realizo golpecitos en el escritorio (estimulaciones bilaterales) durante su diálogo imaginario.

Comentario: Aquí, es necesario decir que la técnica gestáltica de silla vacía se hace más potente cuando se le agregan estimulaciones bilaterales y el que el consultante se centre en la tristeza que trae.

CRISIS 10. *Con historial reciente de autoagresiones en brazos, se presenta hombre que rechaza a su madre y es creyente en la Santa Muerte.*

Llega irritable y ansioso el preso a sesión porque no ha tenido comunicación con su madre y esto lo conecta con el sufrimiento que ha tenido de varios años en que insiste que su madre no lo ha querido desde que era niño. Agrega que está volviendo a tener ideaciones de autoagredirse porque esto lo hace sentir como vacío y abandonado.

Se abordan estos traumas y creencias con estimulaciones bilaterales y tapping EFT que el preso se autoaplica. También, se facilita diálogo con su madre en silla vacía.

Comentario: Después de este y otras sesiones de seguimiento ha coincidido que este preso ya no se ha autoagredido, además de que ha mejorado bastante la relación con su madre y ha disminuido la intensidad en su culto a la Santa Muerte.

CRISIS 11. *Hombre que expresa estar desesperado porque tiene varios días despertando enojado porque tiene pesadillas donde discute con su ex pareja.*

Llega rojo de ira y frustración por el motivo de consulta señalado. Se aborda su ira y en un momento de la sesión, entre las opciones que se le dan prefiere aventar pelotitas a una pared, con todas sus fuerzas, donde imagina que esté su ex pareja. Le pregunto en cuanto está su nivel de ira en este momento, de acuerdo con la Escala USP, y se califica en 9. Después de varios minutos, suspira y cesa de aventar las pelotas, expresando que ya es suficiente, que ha descargado lo negativo que traía cargando. Se califica con 2 su nivel de ira en ese momento.

Con estimulaciones bilaterales que se autoaplica en las rodillas logra llegar a 0 (cero), siendo entonces el momento que se aprovecha para que dialogue con su ex pareja en la silla vacía, para luego colocarse en el marco de la puerta del cubículo, en tercera posición, y entonces volver a su silla, retroalimentando y reestructurando sus creencias, aceptando sus equivocaciones y comprometiéndose a nuevas conductas en su próxima conversación con su pareja.

Comentario: La escala USP (Unidades Subjetivas de Perturbación, es muy usada para apoyar el EFT y el EMDR, entre otros tipos de terapia, va del 0 al 10, donde 0 (cero) significa nada de ira y 10 (diez) la máxima intensidad de ira, con valores intermedios de unidades enteras (1, 2, 3, 4, 5, 6, 7, 8 y 9), calificando el consultante con sus sensaciones.

CRISIS 12. *Persona que es abordada por presentar transtornos de tricotilomanía y conversión.*

Indagando en la entrevista que sus crisis convulsivas se relacionan con arranques de coraje junto con impotencia, y que la manía de arrancarse, el vello del bigote y cejas, así como el pelo de su cabeza con sus manos (tricotilomanía) se relacionan con impotencia en el manejo de su alto estrés. Facilité las sesiones en crisis preponderando la expresión y descarga de coraje en objetos neutros (cojines), con etapas donde él tenía que golpear los cojines de manera alternada (para que también se estimulara bilateralmente su cerebro). Ya luego la resignificación y la búsqueda de alternativas para manejar la impotencia, el coraje y el estrés en este momento y cuando se presentaran a futuro.

Comentario: Según el DSM-5, la Tricotilomanía es un transtomo del control de impulsos que se caracteriza por un comportamiento recurrente de arrancarse el propio cabello por simple placer, gratificación o liberación de la tensión que provoca una perceptible perdida de pelo. Y que el Transtomo de Conversión consiste en síntomas o disfunciones no explicadas de las funciones motoras voluntarios o sensoriales, que sugieren un trastomo neurológico o médico. Se considera que los factores psicológicos están asociados a los síntomas o a las disfunciones.

CRISIS 13. *Persona que menciona en sesión grupal querer trabajar el quitarse "una maldad que traigo dentro desde hace muchos años".*

Se me ocurre (intuyo) tocarle la frente donde tiene un tatuaje (el número 666), y es entonces que empieza a convulsionarse en el suelo, perdiendo la conciencia y la atención.

Le aplico estimulaciones bilaterales en hombros y luego en rodillas durante varios minutos. Mientras tanto, sus compañeros de grupo de manera espontánea y asustada hacen oraciones religiosas. Pasan at menos 15 minutos cuando empieza a serenarse, cesan las convulsiones y vuelve a la consciencia. Para cuando Ilega un médico, el preso ya había recuperado la conciencia y no le encontraron alguna enfermedad o transtorno. Retroalimenta el preso que al momento que lo toqué en la frente sintió como si lo hubieran electrocutado y una presencia maligna luchara por no salirse de su mente.

Comentario: No esperaba que este caso fuera tan complicado, Afortunadamente, la facilitación resultó oportuna y útil al preso.

CRISIS 14. *Persona que es abordada por este servidor por medio de la canalización de un médico que labora en la misma Institución que yo, reportan que despertó con el brazo derecho paralizado.*

Se le aplican estimulaciones bilaterales en sus rodillas mientras se le entrevista. Luego se le pide que sus ojos realicen la Integración Ocular, con movimientos oculares a lo largo y ancho de una pared frente a él, en las alturas alta, media y baja, de izquierda a derecha, abarcando las direcciones visual, auditiva y kinestésica de los movimientos oculares. Sale a relucir que le hace figura un asunto laboral, el cual se aborda agregándole también Gestalt en la toma de responsabilidad y darse cuenta, además de que fluye en lo emocional. Al final de la sesión afirma tener ya algo de movilidad. Después, se le da seguimiento con más sesiones, aparte de posterior abordaje médico.

Comentario: Esto coincide con la suposición de que el lado derecho del cuerpo nos da muchas veces información de aspectos sociales, laborales, paternales y masculinos. Por otra parte, recuerdo que en otra ocasi6n observe a un preso con catatonia, estaba acostado e inmóvil, sin reaccionar a estimulaciones como piquetes de agujas, fue entonces que al Médico se le ocurrió hacerle la maniobra de reanimación cardiopulmonar presionando con una falange doblada del dedo medio el esternón (al centro de las costillas), lo que le hizo reaccionar con dolor y perder el catatonismo.

CRISIS 15. *Alguien me es canalizado por sentir "mucho coraje e impotencia", al grado de tener ideaciones de autoagredirse.* Dice que no quiere hablar por temor a represalias de las autoridades. Le respondo que aunque no quiera expresar palabras podemos trabajar con sus emociones y pensamientos.

Acepta y se le guía en visualizaciones, manipulación de submodalidades PNL, así como estimulaciones bilaterales y tapping EFT. Al final, le cuestiono si cambiaron significativamente sus emociones y pensamientos para bien y asegura que si, lo cual es congruente con su postura y expresión en rostro.

Comentario: Aquí hay que recordar lo valioso que es el recurso de la terapia encubierta o terapia silenciosa.

CRISIS 16. *Hombre que reacciona con dolor emocional y pesimismo, porque vía telefónica le avisan que ya no tiene asignada fianza, y que su abuela está enferma.*

A los pocos minutos de iniciada la sesión comienza a llorar, relatando las noticias negativas que recibió. Se le cuestionan dichas creencias y las alternativas que surgen de ellas, al tiempo que se le brindan ejercicios de relajación muscular y estimulaciones bilaterales. En la fase pre-final, resignifica lo acontecido y aumenta su optimismo por las alternativas encontradas y porque ya no se siente "bloqueado", ni con ganas de llorar de desesperación como hasta antes de esta (y durante la) sesión; durante la resignificación se le muestra un libro de cuentos ('Aplícate el Cuento') y se le pide que se concentre en recibir un mensaje para lo que siente en este momento, para entonces abrir el libro al azar y ahí elegir el cuento que esté en la página derecha, pidiéndosele que lo lea en silencio y luego lo cuente con sus palabras, junto con el mensaje personal que el percibe desde su historia de vida.

Comentario: Relevante recordar que el estado de relajación corporal y mental conecta al consultante a un estado más receptivo para impulsar cambios en sus cambios, en este caso primero debilitar las creencias inadecuadas y luego instalar las creencias adecuadas, en este caso prefiriendo hacerlo con estimulaciones bilaterales, aunque pudo haber sido con otras técnicas también.

CRISIS 17. *Hombre frustrado porque desde hace varios años vomita cuando consume carne de res, leche de res o productos lácteos derivados de este.*

Se indaga su historia de vida y se encuentra que estas alergias están relacionadas con eventos traumáticos que sucedieron de manera simultánea o inmediata (como reforzador) a dichos eventos. Entonces se trabaja con esos traumas psicológicos, en esta ocasión a través de estimulaciones bilaterales, tapping EFT y manejo de submodalidades PNL, con lo cual el consultante llora y contacta tristeza y miedo, para finalmente resignificar sus experiencias y retornando a su presente motivado a intentar consumir los alimentos señalados.

Comentario: Una semana después me comentó este preso que ya podía comer y beber los alimentos que antes le ocasionaban vómitos.

CRISIS 18. *Hombre diagnosticado con transtorno explosivo Intermitente, por tener frecuentes explosiones de conducta en las que discute, insulta, se pelea o golpea objetos.*

En ese momento en particular está encamado por autoagredirse en una muñeca del brazo. Llego al área en la que se encuentra acostado (Área clínica de este Centro penitenciario). Aplico sintonía verbal y no verbal, además de escucha activa y un trato educado a su persona. Y pues, a los pocos minutos con esto fue suficiente para que respondiera todas mis preguntas y aceptara realizar ejercicios de relajación y de reestructuración de creencias.

Comentario: Cabe mencionar que esta persona privada de su libertad (así se les llama en la nueva Ley) se había caracterizado por discutir con otras autoridades y con personal técnico (psicólogas, psicólogos y terapeutas). Afirmó que era la primera vez que alguien lo escuchaba sin hipocresía y que por eso cooperaba conmigo, he aquí la importancia de la escucha activa.

CRISIS 19. *Varón desesperado que asegura tener varias semanas soñando con una niña que se le aparece en el sueño, que dentro del mismo lo distrae, provocándole ruido y lo invita a jugar con ella.*

Después de visualizar consciente el contenido del sueño le da un final y se da cuenta que esa niña pudiera ser uno de los varios abortos que ha tenido su actual pareja. Se le facilita que dialogue en su mente con esa niña y si lo siente conveniente la reconozca, la honre y la haga parte de su familia, además de abrazarla y portarse amoroso con ella.

Comentario: Sabemos que los sueños proyectan desde el inconsciente mensajes de lo que traemos, sea del pasado presente o futuro, siendo esa región atemporal y que emerge en simbolismos al soñar. Lo cual hay que facilitar al soñador a que haga conciencia del contenido y mensaje respectivo.

CRISIS 20. *Quien afirma haber sido torturado después de su detención.*

Añadiendo el preso que esto le ocasiona que desde entonces, casi diariamente tenga pesadillas sobre las torturas a las que dice fue objeto, y gritando por la noche al estar dormido, según le dicen sus compañeros de estancia. Se aborda a través de manejo de submodalidades, estimulaciones bilaterales, descarga de ira en objetos neutros, resignificación y reestructuración de creencias.

Comentario: Así como este he abordado varios casos de tortura que afirman haber sufrido algunos presos después de su detención.

CRISIS 21. *Migraña relacionada con inseguridad y falta de atención en niñez.*

Señora que está incapacitada momentáneamente por una fuerte migraña, la cual padece frecuentemente desde la edad de 5 años, aproximadamente. Le facilito que busque un punto en la pared que le proporcione tranquilidad (gazepotting), al mismo tiempo que una persona le aplica estimulación bilateral alternada en los hombros y la propia paciente se autoaplica estimulación bilateral alternada en sus rodillas. Luego, le pido a mi ayudante que le aplique tapping en puntos energéticos del rostro y cabeza, mientras la consultante sigue enfocada en fluir al ver el punto elegido. Se indica un break (descanso) y se retroalimenta lo percibido en lo que fluyó al observar el punto de tranquilidad en la pared, mencionando que fueron varios, principalmente un recuerdo de cuando era niña (en este momento estalla en llanto), teniendo alrededor de 5 años de edad, siendo regañada por su madre, sintiéndose insegura y rechazada, que no se le prestaba atención, ocasionándole la primer migraña de que tenga memoria.

Entonces le señalo que busque en la pared otro punto (gazepotting), el cual la conecte intensamente con ese recuerdo que me acaba de relatar. Lo encuentra y entonces se procede a que fluya ella en ese punto, agregándole (luego de varios minutos) que imagine que ella como adulta visita a su niña de 5 años de edad y platique con ella, además de abrazarla y de aplicarle tapping en puntos energéticos y estimulaciones bilaterales alternadas. Después de 40 minutos de sesión reporta que la migraña desapareció y que siente seguridad y acompañamiento, además de que al volver a recordar el incidente de su niñez ya no le afecta ni le provoca llanto como solía pasar.

Comentario: En este caso combiné elementos de Brainspotting, EMDR, EFT y Reimpronta Matricial.

CRISIS 22. *Persona con ideaciones suicidas.*

Llega un hombre de 22 años de edad, con ideaciones suicidas y una autoagresión con cuchillo en la extremidad inferior derecha, debajo de la rodilla.

Después del rapport, resultó que sus problemáticas giraban en torno a problemas de pareja, familiares y de farmacodependencia, además de desempleo, por lo que ya no veía salida y por eso se autoagredió y ya estaba pensando en quitarse la vida.

La extremidad derecha estuvo relacionada con su falta de empuje, su motivación apagada, su vida social enrarecida. Dentro del abordaje de este caso, dialogó con su parte corporal autoagredida, reestructuró creencias donde no veía otras alternativas y aquí las encontró y se comprometió a explorarlas. Con esta larga primera sesión, se desactivó su crisis y empezó su cambio. En la segunda sesión, se notaron aún más sus cambios favorables, en sus acciones realizadas en su casa, con su pareja y familiares, además de notarse en su semblante y en su discurso, además de en sus creencias y motivaciones. Otro de los recursos que usé fue música bilateral que puse de fondo durante toda la primera sesión (audios bilaterales de Jorge Collazo, en Youtube).

CRISIS 23. *Preso que se siente inseguro ante algunas personas, desde hace varios años, por una maldición.*

De actual edad de 24 años, menciona que a la edad de 13 años su padre lo maldijo porque él (el preso) decidió abandonar el hogar por el pésimo ambiente familiar (alcoholismo y violencia del padre contra los demás miembros de la casa). Dice que entonces su padre le gritó: "te maldigo, te maldigo, te maldigo". De esto, tomó más conciencia después de estimular sus recuerdos con preguntas rastreando dónde estaba el origen de su inseguridad, coincidiendo el preso que a partir de ese incidente ocurrió su sentimiento de inseguridad ante las personas que tienen autoridad, son mayores de edad a él o que cree que saben más que él. Se trabajó con el preso con autoestimulaciones bilaterales en sus rodillas y con simultáneos movimientos oculares que seguían dos dedos de una de mis manos. Después, se facilitó manejo de submodalidades para "destruir" el trauma.

Cuando ya no refirió malestares sobre el trauma de la maldición entonces se le facilitó que anclara la sensación de seguridad, eligiendo un toque en su corazón, que asoció con recursos de momentos de seguridad que tenía en su pasado. Al seguirle facilitando terapia en sesiones de seguimiento posteriores afirma que su seguridad ha estado aumentado al estar ante el tipo de personas ya señaladas.

CRISIS 24. *Atendiendo a hija, a su madre y a ambas.*
Un amigo me trae a su hija para que la atendiera porque hace pocos días "se volvió como loca gritando", y tuvieron que llevarla a un psiquiatra. Sin embargo, como sigue "mal y muy ansiosa, y llora mucho", me la canaliza. Indago sucesos recientes relevantes, su querido abuelo murió hace pocos días, tema clave, por ahí sigo el camino. La madre está presente porque la niña es menor de edad (cuando atiendo a menores de edad, les pido a la madre o al padre que esté presente a un lado o muy cerca). Cuando entrevisto brevemente a la madre, me doy cuenta que ella también es parte del conflicto, estalla en llanto y esto hace que su hija también llore. Trabajo el duelo con ambas (sobre el padre fallecido de la señora y abuelo de la adolescente) usando estimulaciones bilaterales que se aplican entre ambas, música bilateral de fondo en una laptop, además de silla vacía gestáltica, resignificaciones, responsabilidades y nuevos compromisos.

CRISIS 25. *Preso en que entra en crisis mientras es entrevistado* *por un trabajador social.*

Me lo canalizan. Antes de que me dé su versión del dolor (localización y en qué momento le surgió) le pido que empiece a estimularse bilateralmente (alternadamente) sus rodillas con las manos. Me dice que son punzadas en su pecho, lado izquierdo, pero que no sabe por qué surgieron. Le pregunto qué platicó sobre su madre durante la entrevista, me responde que precisamente cuando el trabajador social tocó el tema de su madre fue cuando le surgieron las punzadas y como si sintiera asfixiarse. En este momento le pido se concentre sobre su madre mientras realiza movimientos oculares horizontales (de izquierda a derecha y viceversa) en la parte superior de su panorama (para integrar sus canales visuales), luego movimientos horizontales en la parte media de su panorama (para integrar sus canales auditivos), y también movimientos horizontales en la parte baja de su panorama (para integrar sus canales cenestésicos y de diálogo interno), en el transcurso de este ejercicio se da cuenta que está molesto con su madre y también con su concubina por lo que le hicieron a él y que desembocó en que lo arrestaran. Continúa sus movimientos oculares, se relaja y resignifica su sentimiento y creencias al respecto. Se cierra la sesión y su caso continúa siendo abordado en sucesivas sesiones.

CONCLUSIONES

Entonces, me centré en la intervención en crisis que es el tema a tratar, en lo más relevante de la primera o segunda sesión, porque el seguimiento del proceso terapéutico fue a corto, mediano o largo plazo, que dependió del interés y voluntad de cada persona. Estoy desvelando mi estilo de psicoterapia en intervenciones en crisis. Como ya he dicho en otra parte, no soy Perls ni Hellinger ni imito a ningún gigante en particular, ni aplico una psicoterapia pura Gestalt o cualquier otra. En resumidas cuentas, incorporo elementos de varios enfoques, los que más suelo usar, y son, por ejemplo:

-Del EMDR y del IADC: Estimulaciones bilaterales y escalas subjetivas (de validez cognitiva y de unidades de perturbación) y centrado en el blanco (trauma original).

-Del EFT: Tapping en puntos energéticos, principalmente en el punto 'karate' y en el punto que se relaciones con la crisis de la persona al momento.

-De GESTALT: Silla vacía, darse cuenta, expresión y descarga emocional, integraci6n de polaridades, resignificaciones.

-De PNL: Manejo de submodalidades. sintonía y calibración, metamodelo, tercera posici6n, use de metáforas, manejo de anclajes, atenci6n al lenguaje corporal y paraverbal,

-Del PSYCH-K: Test kinesiológico de verificación muscular y posturas para instalar creencias positivas.

-De Constelaciones Familiares. Constelación con fichas y monitos, reconocimiento y honra de las figuras parentales,

-De lo Cognitivo-conductual: Respuesta de relajación, elementos de la Terapia Racional-Emotiva, búsqueda de alternativas y reestructuración de creencias.

Para profundizar en las Técnicas de Integración Cerebral (EMDR, Brainspotting, IADC, etc.) y en las Terapias Energéticas (EFT y otras), les sugiero lean mi próximo libro sobre este tema, que titularé "Técnicas de Integración Cerebral y Energéticas".

4.4- 23 CASOS DE INTERVENCIONES CON TERAPIAS DE INTEGRACIÓN CEREBRAL Y DE ENERGÍA

Primeramente, el objetivo de este espacio, es contestar, desde mis experiencias, las dudas que me han planteado sobre los métodos empleados, con las limitaciones que la escritura tiene, a diferencia de hacerlo frente a frente. Después, describiré los 23 casos. Algunas preguntas y respuestas:

¿CUÁL ES LA SERIEDAD Y EFECTIVIDAD DEL EMDR Y DEL EFT?
EMDR tiene reconocimiento a nivel científico internacional, con decenas de estudios favorables, incluidos metaanálisis, cuenta con la especial recomendación de la American Psy-

chiatric Association (www.emdr.com) y la OMS (Organización Mundial de la Salud) lo ha reconocido como método de elección para el tratamiento de traumas y trastornos derivados. Su creadora, Francine Shapiro, ha sido galardonada con el Premio "Sigmund Freud" que otorga la Asociación Mundial de Psicoterapia por su gran contribución a éste campo, en el año 2003. En 1994, recibió el "Premio a la Destacada Consecución Científica en Psicología" (Distinguished Scientific Achievement in Psychology) otorgado por la Asociación Californiana de Psicología. El Department of Defense y el Department of Veteran Affairs de los Estados Unidos han publicado nuevas pautas que ubican a EMDR en la categoría de terapias con el más alto nivel de evidencia y la recomiendan para el tratamiento del Transtorno por estrés postraumático (TEPT).

EFT se considera que está en fase científica experimental, sin embargo, testimonios de multitud de terapeutas y pacientes, así como de este servidor, consideran que existe una alta efectividad del método, sobre todo si se complementa con otras técnicas. Para mayor infrmación de las investigaciones sobre EFT consultar los libros de Nick Ortner y Fred Gallo.

¿CÓMO Y DÓNDE APRENDE USTED ELEMENTOS DEL EMDR?

Respuesta: La primera información que tuve de dicho método la escuché en el Congreso Internacional de Psicología Criminal en la Universidad del Valle de Atemajac (Univa), en Guadalajara, México, en noviembre de 2004, donde el expositor peruano Luis Oblitas habló maravillas de esta técnica al tocar el tema de los traumas, en rápidos dos minutos, ante lo cual intuí que era algo que valía la pena saber más. Después, investigando en internet localicé muy poca información sobre lo mismo, sin embargo, para mi fortuna, tres días después (no creo en las casualidades), al visitar una librería en mi ciudad natal de Colima ví el libro de Francine Shapiro (EMDR: Desensibilización y Reprocesamiento de información por medio de Movimientos Oculares) y lo adquirí. En el citado libro la autora menciona en que de preferencia no se aplique la técnica EMDR si no se ha tenido una supervisión acreditada. Sin embargo, después de seis meses de lectura comprensiva y ensayos en mí mismo empecé a aplicar en los demás de manera aislada algunos elementos del método y, repito: algunos elementos (principalmente estimulaciones bilaterales, fomento del lugar seguro, escala USP, escala VOC, y entretejido cognitivo) para mi gran sorpresa, percibí grandes cambios en mí y en los pacientes a los que les aplicaba dichos elementos, incluyendo el agradecimiento sincero de parte de estos. Por lo que de manera gradual, y apoyado en mis años de psicólogo egresado y luego actualizado como terapeuta Gestalt fui aplicando cada vez más elementos integrados del método, observando cuáles funcionaban mejor. Aquí es importante mencionar que a los pacientes no se les obligaba a recibir la técnica sino que se les explicaba brevemente en qué consistía la terapia y se les pedía permiso; una vez aceptando, se les advertía que expresaran cualquier malestar que sintieran, teniendo la opción de suspender la sesión si así lo decidieran. Sin embargo, lo que sucedió fue que al alcanzar progresos iniciales, los pacientes se motivaban y pedían trabajar psicológicamente más a fondo con sus traumas, notando al final de las sesiones notables avances que en ocasiones los hacía exclamar asombrados: "gracias, tenía muchos años con este trauma y usted me ayudó a superarlo", "no sé cómo le hizo pero me quitó un gran peso de encima". En resumen, aunque no estoy certificado, durante 14 años he estado practicando, afinando y personalizando elementos de EMDR, no el EMDR, actualizándome con textos, audios y videos que consigo, e integrándolo con otros enfoques y técnicas psicoterapéuticas de Gestalt, EFT, Constelaciones Familiares, PNL, entre otros, con resultados más que buenos. Lo que yo sugiero es que cada terapeuta o psicólogo es libre de elegir la manera en que se capacitará en el EMDR, con la responsabilidad que eso implique.

¿CÓMO Y DÓNDE APRENDE USTED EL EFT?

Respuesta: De este método ya había escuchado referencias, hasta que un amigo (el Psicoterapeuta Gestalt Bryant Scott

Álvarez), en ese entonces estudiante de la Maestría en Terapia Gestalt en mi generación, en el año 2007, al igual que yo, me recomendó experimentar el EFT, el cual había aprendido hacía pocas semanas. Lo experimenté y me impresionó el impacto en los asuntos propios que trabajé. Entonces, indagué más información y desde entonces, he estado profundizando y aplicándolo a los pacientes, con resultados muy buenos y, al igual que el EMDR, suelo complementarlo con elementos de otras técnicas como PNL, EMDR, Constelaciones Familiares, entre otras.

¿A QUÉ TE REFIERES CON TAPPING?

Respuesta: Tapping es una expresión inglesa que en español significa "golpeteo", "golpecitos" o estimulación con las yemas de los dedos o con las manos en alguna o algunas zonas que el EFT o el EMDR considera relevantes.

En el caso del EFT es sobre los puntos que se consideran energéticos, ya sea los 13 principales u otros que se pueden retomar de la digitopuntura y de la acupuntura.

En el caso del EMDR las zonas más efectivas, desde mis experiencias, son las rodillas, las piernas, ambos lados de la zona abdominal, los hombros, ambos lados de la espalda, alrededor de los ojos, zona alrededor de la clavícula y ambas manos (en las "palmas").

¿QUÉ OTRAS MANERAS EXISTEN PARA ESTIMULAR, APARTE DEL TAPPING?

Respuesta: En el caso del EFT, sus 13 puntos energéticos principales se pueden estimular con digitopuntura (presionando con los dedos), a través de la visualización mental, a través de imanes usados en micropuntura; TAB-Touch and Breathe (Tocar y respirar): Se trata de tocar el punto energético y hacer una respiración profunda mientras te mantienes enfocado en el problema que estás trabajando. Muchos niños prefieren esto a que se les haga tapping, además tiene la ventaja de que es un método más discreto que otros; Tellington T Touch: En vez de hace tapping en los puntos, puedes frotarlos y hacer un masaje circular con un dedo.

En el caso del EMDR, es efectiva la estimulación bilateral (ambos lados del cuerpo, izquierda y derecha) a través de sonidos previamente grabados para este método; chasquidos hechos con el tronido de los dedos; estimulación bilateral usando pelotitas o un objeto suave; estimulación de los ojos a través de movimientos de los dedos o de algún objeto; etc.

¿NO ES CONTRAPRODUCENTE LA DESENSIBILIZACIÓN DEL EMDR PORQUE EN EL INICIO DEL CICLO DE EXPERIENCIA GESTALT SE CONSIDERA COMO UN BLOQUEO PARA LA SENSACIÓN?

Respuesta: La desensibilización en el EMDR no enmascara ni fomenta la intelectualización de los traumas psicológicos que trabaja. Al contrario, la desensibilización, o eliminación de la perturbación, es en realidad el subproducto del reprocesamiento, al igual que la reestructuración de la cognición, la obtención de revelaciones, etcétera. El procesamiento implica una transmutación del material disfuncional (en forma de imágenes, sonidos, olores o sabores; emociones, cogniciones y sensaciones corporales) y la vinculación gradual con información adecuada, útil, que procure en el paciente un sentimiento de crecimiento personal.

Se instruye a los pacientes a simplemente darse cuenta de sus experiencias internas (libre asociación), de preferencia que lo hagan con los ojos cerrados para que obtengan mayor concentración, y se les pregunta "¿qué obtienes ahora?" al final de cada serie de movimientos oculares, lo cual, automáticamente, aporta nuevos fragmentos de información. También, se les instruye a que sean "testigos" de sus recuerdos, dándole las instrucciones de "dejar que suceda lo que debe suceder" y de sólo "darse cuenta" del trauma y demás trastornos. Estas instrucciones parecen crear un sentimiento de seguridad en el paciente y permiten que los procesos internos se desarrollen sin interferencia alguna. De hecho, cultivar la posición de observador ("testigo") estabilizado dentro del tratamiento EMDR atañe a una variedad de prácticas orientales de meditación.

Posiblemente, la efectividad de las Estimulaciones Bilaterales deriva de su capacidad de evocar un equilibrio perfecto entre la experimentación de trastornos emocionales y la capacidad de alcanzar una posición de "observador" no evaluativo respecto a la emoción y al flujo de asociaciones somáticas, afectivas, cognitivas y sensoriales que suelen aflorar cuando esta posición es mantenida continuamente durante 30 segundos o durante varios minutos a la vez, sin interrupciones de parte del terapeuta u ocasionadas por un nivel excesivo de excitación emotiva. Una interpretación obvia del papel que ejercen los movimientos oculares es que distraen al paciente de su propio trauma. De acuerdo con Dyck (1993), tal supuesta distracción provoca el descondicionamiento debido a que el paciente es incapaz de concentrar su atención en la imagen traumática, es decir, la distracción impide que el material traumático se vea reforzado por el estado previo de ansiedad anticipada.

A veces el paciente tiene síntomas pero no recuerda la imagen del trauma. Aquí hay que procurar no interpretar y no forzar al paciente. A medida que la información es procesada, es posible que aflore a la conciencia, aunque también es posible que no aflore nunca. Por eso, hay que procurar enfocar los elementos del EMDR en las emociones, sentimientos y sensaciones corporales asociadas al trauma. Siendo importante que sea el paciente quien ponga nombre a la emoción.

¿LA TERAPIA GESTALT SERÁ COMPATIBLE CON EL EMDR NOMÁS PORQUE USTED LO DICE?

Respuesta: Claudio Naranjo y Serge Ginger, dos reconocidos terapeutas de la Gestalt se expresan bastante bien de este método (ver Ginger

http://es.scribd.com/doc/96032646/Emdr-y-Ginger) y (Naranjo

http://es.scribd.com/doc/96176737/Emdr-Gestalt-Naranjo).

¿PODRÍA RELATARNOS ALGUNOS CASOS QUE HA EXPERIMENTADO CON TAPPING DE ESTIMULACIONES BILATERALES Y DE

EFT?

Respuesta: Claro que sí.

En mi rol de padre y abuelo, desde el 2005, he aplicado EMDR (y EFT desde el 2008) con mis hijos y nietos, cuando éstos sufren algún dolor muscular o de estómago, sustos, miedos, golpe accidental, náuseas, ansiedad, desconcentración, impactos emocionales, entre otros motivos, por ejemplo, desde que mis nietos eran bebés.

CASO 1. A mi hijo Max a lo largo de los 5 años de vida que tiene le he aplicado este método para **disminuir dolores que se ocasiona por golpes** cuando juega, con eficacia comprobada en la gran mayoría de las veces. Y la ocasión más grave fue cuando cayó y se golpeó la cabeza, desvaneciéndose por unos segundos, inconsciente, luego semiinconsciente, por lo que de inmediato lo trasladamos al Seguro Social, y en el trayecto yo le iba aplicando tapping, logrando que recuperara la conciencia, ante la sorpresa de mi esposa y cuñada que me acompañaban. Específicamente: Estimulaciones Bilaterales: Tapping –con tacto moderado- en las rodillas, en los hombros y en la cabeza. Tips, métodos o técnicas extras: Abrazos, besos, hablarle, caricias.

CASO 2. A mi hija Aura a lo largo de varios años le he aplicado este método ante **dolores por golpes accidentales** cuando juega, y sobre todo cuando se queja de dolores en el oído, o en la zona abdominal, causados por las secuelas de la artrosis con la que nació, o por algún transtorno alimenticio emergente. Específicamente:

EFT: Tapping en 13 puntos energéticos principales. Cuando es dolor abdominal entonces persistí en el punto que está debajo de cada ojo, con buenos resultados.

Estimulaciones Bilaterales: Tapping suave en ambos lados del abdomen.

Tips, métodos o técnicas extras: Imposición de manos (Reiki) en zonas de dolor o malestar.

CASO 3. En mí mismo usé el EMDR combinado con EFT para

superar el **miedo a manejar un vehículo**. Porque resulta que me sentía incapaz de manejar un carro, además de una mala experiencia con un capacitador en manejo. Entonces recurrí a la combinación que dije, aplicándome frases como: "a pesar de que tengo miedo manejar el carro me acepto tal como soy"; "aunque no me tengo confianza para manejar un carro me acepto tal como soy", etcétera.

Específicamente:

EFT: El tapping lo hacía con dos dedos, y a veces con la imaginación.

Estimulaciones Bilaterales: Tapping en rodillas, hombros y el abrazo mariposa.

Tips, métodos o técnicas extras: Anclajes y manipulación de imágenes con técnicas PNL.

CASO 4. Como parte de una brigada asistencial comunitaria atiendo a una paciente mujer de 35 años, aproximadamente. Refiere **resentimiento** hacia su suegra porque ésta contribuyó en varios hechos para que finalmente se separara de su esposo. Al inicio de su narración se le llenan los ojos de lágrimas, por lo que opto por la alternativa de que me narre los hechos al mismo tiempo que se aplica tapping Bilateral en las rodillas. También, recurro al método de manipulación de imágenes y submodalidades PNL, tapping EFT en los puntos gamas, entrecejo y debajo de la boca. Visualización guiada con recursos metafóricos: quema las imágenes negativas y las cenizas las pones en una bolsa negra, entierras la bolsa en un basurero, tapas el pozo y encima plantas una flor blanca, alrededor de la flor derramas varios litros de miel de abeja, pruebas la miel (al principio le supo amarga y sentía asco de la flor, por lo que le pedí que pusiera algo hasta que le supiera dulce, eligiendo poner un gran caramelo), qué sientes de ver todo eso (la flor y la miel), respondió que ya no sentía asco sino "bonito". En un momento de la sesión le dan ganas de vomitar, eructando solamente saliva y quedando relajada después de esto, reportando que es como si se hubiera quitado una gran carga. Menciona que la imagen de su suegra que antes le ocasionaba asco y resentimiento ahora no le significa nada negativo.

Continúo con reestructuración y resignificación de creencias. Centrado del presente y expectativas de futuro.

CASO 5. Cuando he tenido dolores de cabeza (**cefaleas**) suelo recurrir a tapping EFT, aunque dependerá de dónde se localice la zona de dolor para saber cuál o cuáles puntos estimular. Si el dolor está en el hemisferio derecho entonces estimulo mi mano izquierda (en medio de mis dedos índice y pulgar). Si el dolor está únicamente en el hemisferio izquierdo, entonces estimulo mi mano derecha (en medio de mis dedos índice y pulgar). Si el dolor está en mi frente entonces estimulo el entrecejo, a un lado de cada ojo, en medio de la frente y en la zona de cada 'entrada' de pelo. Si el dolor es difuso en toda la cabeza entonces estimulo todos los anteriores puntos. Si un paciente o un familiar presenta dolor de cabeza, le aplico lo anterior y/o lo enseño a que se autoaplique este método, además, claro, de rastrear con qué puede estar asociado dicho dolor, y si hubiera la posibilidad de que se tratara de una migraña o de recurrir a alguna pastilla contra ese dolor. A una amiga que tenía un dolor de cabeza insoportable (no sé si era cefalea migraña) le sugerí se aplicara un pedazo pequeño de hielo (agua congelada) unos pocos minutos en su nuca, y después unos minutos en el punto 4IG ubicado entre el pulgar de la mano y el dedo índice (unos minutos en cada mano). Se ha sabido de casos donde estimular los puntos energéticos con un pedazo de hielo acelera el efecto favorable.

CASO 6. Recuerdo que a mi madre, después de varios años de que no se decidía, por fin aceptó que le facilitara una sesión terapéutica, donde trabajó su **trauma de miedo a los temblores y a las tormentas**, producto de experiencias traumáticas acontecidas años atrás. Recurrí a una mezcla de manipulación de Submodalidades PNL (pinta de imágenes, adelanto y atraso rápido de video mental, etc.), tapping EFT, tapping bilateral con estimulaciones auditivas a través de chasquidos con mis dedos de mano. Uso de escalas subjetivas para ir checando el progreso de la transformación positiva. Chequeo de los avances volviendo a las imágenes originales perturbadoras. Y, al final, resignificación de los hechos y centrado del presente. En sucesivos eventos de tormentas y temblores (sismos) que ha habido en ese lugar, me reporta mi madre que afortunadamente ya no siente aquél antiguo terror, y ahora es una significativa calma.

CASO 7. Persona que en la primera sesión manifiesta haber **sufrido torturas** en las primeras horas de su detención policiaca. Observo alteración de su estado de ánimo, llanto y temblor de sus piernas al recordar lo que él asegura fueron abusos de quienes lo detuvieron. Le menciono que es necesario que rememore esos recuerdos negativos y los narre, al mismo tiempo que se aplica tapping en sus rodillas, acompañado de la frase "a pesar de que sufrí abusos me acepto tal como soy". Mientras él describe sus recuerdos yo le aplico tapping en sus hombros (parado yo detrás de él) con unas pelotitas. Cuando el recuerdo se vuelve muy fuerte y pide parar entonces interrumpimos el recuerdo traumático y lo guío a su'lugar seguro' elegido previamente (lugar relajante que ancló al inicio de la sesión), además de respiraciones profundas. Ya recuperado, volvemos a reiniciar el tapping. Al final de la sesión (de 1 hora en este caso), le solicito como tarea que continúe aplicando tapping donde esté, hasta el punto que pueda controlar. Una semana después continuamos con la misma dinámica, habiendo transformado sus sentimientos, de miedo a serenidad, de enojo a serenidad, y teniendo una perspectiva diferente de lo que le había sucedido.

CASO 8. Joven de aproximadamente 17 años de edad. Me comenta su familia que lo han tratado varios psiquiatras y psicólogos, sin resultados positivos hasta el momento. Durante la entrevista a la familia, indago **sucesos traumáticos** que pudieran estar relacionados con su estado (mutismo, mirada desenfocada, conciencia disociada, gritos inesperados, distracción anormal, aislamiento de todos permaneciendo solo en su habitación, desaliño notable, conductas raras como salirse durante la madrugada a caminar en solitario, desperdiciar agua frecuentemente, insultar a sus familiares, etc.). Encuentro un suceso muy cercano al inicio de sus síntomas que me llama la atención: la muerte de su abuelo, a quien amaba como un padre. Empiezo a abordar al joven y recibo alguno que otro monosílabo como respuestas (sí, no) y mayormente silencios de su parte. Por lo que observo intuyo que la muerte de su abuelo es clave procedo a aplicarle tapping en sus rodillas y luego en sus hombros, le muestro para que él se haga tapping en las rodillas, lo cual procede a realizar aunque al principio lentamente. Le repito varias veces y de varias maneras la frase "por la muerte de tu abuelo NO tienes que llorar". Esto facilita que rompa en llanto. El tapping lo continúo mientras él sigue llorando. Efectivamente, parece haber una gran relación entre la muerte de su abuelo y su estado anormal.

Después de varios minutos que lloró, comienza a platicarme sobre cuánto apreciaba a su abuelo y cómo lo extraña. Finalizo facilitándole resignificación de lo sucedido. A su familia le encargo varias tareas a realizar con el joven: que durante varios minutos u horas reproduzcan un cd de música bilateral, especialmente creada para estimular bilateralmente al cerebro y ayudar en la recuperación de la persona; también le encomiendo a los padres que mientras él esté dormido le platiquen al oído lo mucho que lo aprecian y que desean que se recupere. A los pocos días, a través de un amigo me manda decir la familia que su hijo se ha recuperado notablemente, estando impresionados por lo ocurrido.

Luego, al joven le encargué que fuera a la tumba de su abuelo y le llevara una ofrenda, además de que se desahogara con él, lo cual se atrevió a hacer y menciona que le fue útil.

CASO 9. En una de tantas atenciones en zonas marginadas, en una ocasión atendí a una iña de 8 años de edad que afirmó sufrir de acoso y violencia (**bullying**) escolar de parte de un grupo de compañeras de su mismo salón.

Después de mostrarles la manera la niña se aplica el abrazo mariposa y su madre le aplica tapping en las rodillas, estando también recordando los momentos en que ha sufrido el bullying. Al principio llora, conforme pasan los minutos cesan las lágrimas y le llega relajación y una perspectiva con rencor disminuido notablemente. Al final, sugiero a la madre y a la niña seguir aplicando lo aprendido cuando lo crean necesario.

CASO 10. Muchacha víctima de violación que está **traumatizada** por el hecho. Acude a mí y no quiere dar detalles de lo sucedido, por la fuerte carga negativa que implica. Entonces inicio instalando en ella su "lugar seguro", que resultó ser su habitación (visualizada). Luego, Richard Bandler señala que también se puede trabajar con "terapia secreta", o sea, en un inicio no es indispensable saber el contenido de la experiencia, sino manipular la estructura de esa experiencia, a través de transformación de Submodalidades de la misma, lo cual procedo a hacer, aunado a tapping bilateral en rodillas, hombros y abrazo mariposa, así como tapping EFT en los 13 puntos energéticos principales. Después de casi una hora, la muchacha comienza a narrar poco a poco lo sucedido, cuidando un servidor que no la rebase la experiencia, teniendo como primer auxilio que acuda mentalmente a su "lugar seguro" (ella eligió su cuarto personal en su casa), y como segundo auxilio tapping aplicado por mí con pelotitas y con su permiso. Fue necesaria una segunda sesión, donde afortunadamente resignificó lo sucedido, aunque aún no le nace perdonar al victimario, lo cual intelectualmente reconoce que le sería útil, y entonces le falta más trabajo interior (espiritual y psicoterapéutico) para que llegue a perdonar, aunque hasta ese momento se han logrado avances importantes en su cambio.

CASO 11. Señor quien dice sentirse **"estresado"** porque hace 2 meses falleció su madre. Además de la silla vacía gestáltica y visualización guiada, se me ocurre producir sonidos de estimulación bilateral con mis dedos que golpetean rítmicamente el escritorio, esto mientras el reo narra momentos tristes asociados con su madre.

-Preso con discapacidad auditiva (sordera parcial) y en lenguaje (no puede pronunciar palabras). Con señas y gestos comunica que se siente estresado y enojado. Imitando mis movimientos, se aplica tapping en rodillas y abrazo mariposa, mientras yo facilito tapping en sus hombros con unas pelotitas.

CASO 12. En mi caso personal, las **frustraciones y enojos** se me suelen reflejar en la mandíbula. Por lo que cuando me he estimulado con tapping esta parte, sobre todo la "línea" que va del lado de la boca hasta la escuadra de la mandíbula, lo hago usando cuatro dedos de la mano, con tapping, teniendo la boca cerrada en algunos momentos, y otras veces con la boca abierta o semiabierta. La parte que más me duele suele ser la derecha, por lo que estimulo más tiempo aquí. En otros momentos estimulo alternadamente izquierdaderecha. ¿Qué efectos he sentido? Algo de dolor, muchos bostezos, lagrimeos, mayor flexibilidad –gradual- en mover la mandíbula, y en ocasiones se me aparecen imágenes de momentos frustrantes del pasado, resignificándolos en cada momento. Esto durante varios días, los necesarios.

CASO 13. **¿Elementos de EMDR o de Gestalt?** De ambos, de uno o de ninguno, dependerá el contexto, la necesidad, la pertinencia, la persona ante quien estoy, etc. En EMDR incluyo a veces movimientos oculares que tracen colores imaginarios y formen con su mirada cruces (+), equis (x), símbolo de infinitos, omegas, figuras geométricas como triángulos, círculos, cuadrados, etc.
Y uno de mis favoritos, la "vertical de la calma". Basado en el 'Alba Emoting', al finalizar un ejercicio intenso, o la propia sesión, uso este ejercicio para que la persona vuelva a centrarse, que retorne a su tranquilidad y al presente. Este movimiento se trata de que mientras subimos dos dedos de una mano hacia arriba, el consultante los seguirá con los ojos e inspirará durante 4 segundos, esperamos 8 segundos, y entonces mientras bajamos los dedos hasta el suelo el consultante los seguirá con sus ojos y exhalará durante aproximadamente 4 segundos, descansa

unos segundos y nuevamente inicia el ejercicio, esto se repite unas 2 ó 3 veces.

CASO 14. *Carta de hija con ideas suicidas.*

Una hija le envía una carta a su padre (quien está preso en una cárcel), en ese papel se expresan ideas suicidas. Se trabajó de la siguiente manera:

En Constelaciones individuales, ordenar sus 7 hijos y los niveles de los padres.

Usando las figuras planas de ‹Familia Interna' (Método de Tivisay Guerrero), coloca la carta de su hija debajo de la figura que la representa.

El consultante le escribe una carta a su hija, luego la pone bajo la figura plana de madera que lo representa a él.

Hace señal de bendecir a su hija (la figura de madera) con la ceniza de una tercera hoja que contiene la esencia de las dos cartas anteriores.

Visualizar diálogo con hija. Además de que el padre aplica *Tapping Subrogado* a su hija, es decir, se aplica tapping en los puntos EFT imaginándose que le está aplicando Tapping a su hija.

Visualizar diálogo con pareja, buscando alternativas de solución. Se finaliza con una retroalimentación y propósitos a cumplir en próximas horas y días.

Después de este trabajo terapéutico, la hija ya no ha tenido ideas o intentos suicidas.

CASO 15. Preso que estaba **deprimido** por haber discutido con su madre un día antes. Lo atiendo, durante el rapport le sugiero que aplique tapping en sus rodillas mientras me comenta cómo fue la discusión. Sin embargo, se niega a realizar el tapping, alegando que se sentiría estúpido. Le respeto esa decisión, procede entonces a relatarme lo sucedido con su progenitora mientras yo golpeteo discretamente con un dedo la mesa del escritorio con un ritmo alternado (bilateral, para facilitar integración cerebral indirecta o encubierta), esto no lo rechaza ni emite comentario alguno, mientras sigue desahogando su versión y

prosigue la sesión terapéutica favorablemente con aspectos del darse cuenta y reestructuración de creencias.

CASO 16. Señora que en su motivo de consulta desea clarificar su **relación de pareja** con un hombre que la maltrata, para luego tomar una decisión sobre si seguir o no con él. Entre lo más interesante de las varias sesiones de terapia (tampoco se trata de contar todo), recuerdo un momento en donde en un recipiente curvo colocó una por una, esferas navideñas, eligiendo una a la vez y dándole un valor negativo de las acciones que recibió de su ex pareja, cuando terminó, se dio cuenta de que eran demasiadas esferas, hasta ese momento no se había dado cuenta de tantas acciones de daño que había recibido.

CASO 17. Me informan que una mujer privada de su libertad (en el Centro penitenciario donde laboro) está muy **depresiva**, tanto que en las últimas horas está tirada en su celda y se niega a levantarse o a platicar con sus compañeras de estancia. Procedo a aplicar tapping EMDR y EFT a distancia, en concreto a su folder de expediente psicológico, así como a algunas partes de mi cuerpo aunque concentrándome en ella, visualizándola y enviándole esta energía. Una hora después, cuando ya me la canalizan a mi cubículo percibo en ella un semblante poco depresivo, no como me habían dicho que estaba. Lo sucedido me da ventaja para facilitarle la ayuda psicoterapéutica en mi lugar de trabajo donde la sesión girará en el para qué su depresión, de qué se da cuenta, qué gana con deprimirse, etcétera.

CASO 18. Madre preocupada por su hija, ya que ésta lleva varias semanas con **miedos irracionales**, sobre todo cuando se queda sola o cuando está a oscuras. Como la hija se resiste al abordaje terapéutico le sugiero que aplique EMDR y EFT a distancia, aplicándose ella el tapping aunque concentrándose en su hija y visualizando que se lo aplica a ella, además de incorporar frases pertinentes hacia su hija (con una fotografía o prenda de esta) mientras aplica el tapping. Le sugiero lo haga preferentemente entre las 00:00 y las 03:00 horas de la madrugada porque es el periodo cuando el inconsciente de la hija estaría más relajado para recibir la energía a distancia (ya sé que este punto algunos lo cuestionarán, yo solamente les digo que razonen por qué los brujos y hechiceros también eligen estas horas para intentar hacer mal a distancia a otros).

CASO 19. Voy en un autobús como pasajero y me dan **náuseas** (mareos), me aplico tapping en la zona bajo la nariz (arriba del labio superior) y en menos de 5 minutos desaparecen esos malestares. Lo mismo apliqué a mis hijos que sintieron náuseas en algunos viajes.

CASO 20. Está un paciente aplicándose el abrazo mariposa (manos cruzadas en el pecho y haciendo tapping alternado en las clavículas y/o los hombros, mientras que yo como terapeuta **sincronizo** su tapping golpeteando la mesa del escritorio con los dedos de mis manos. Esta sincronización parece acelerar la desensibilización y el reprocesamiento de lo trabajado en ese momento (fuertes conflictos con su pareja).

CASO 21. Me estoy acordando de cuando mi hijo Max estaba con un **dentista**, quien le estaba raspando sarro en algunos dientes. Como el dolor en la primera sesión fue demasiado para Max, se me ocurrió en la siguiente sesión aplicarle tapping alternado en las palmas de sus manos (antes del raspado) y en sus rodillas y piernas durante el raspado, con el permiso del médico y sin interrumpir el acto. La diferencia fue notable, en la segunda sesión Max casi no se quejó de dolor.

CASO 22. Algo que sucedió en el año 2014 en mi casa: Por un descuido de mis hijos que estaban jugando cerca de ahí, dejaron abierto el cancel de la entrada, lo cual aprovechó un **perro** para ingresar y aprisionar con el hocico a un gatito de pocas semanas de nacido, con el cual estaban muy encariñado ellos. Y como el perro lo desgarró, dejándolo agonizante, para los niños fue una tragedia infantil, drama gigante para ellos, se asustaron, gritaron, lloraron, estaban temblorosos, en fin. Mi esposa y yo estábamos en una tienda cercana, por lo que llegamos cuando ya había sucedido el hecho. Mi suegra que estuvo presente nos explicó lo que pasó, porque los niños casi no podían hablar, estaban en shock.

¿Se imaginan qué hice? No, no golpeé a mi suegra ni al perro. Le hice tapping táctil con mis manos a mis hijos, en sus hombros, rodillas, manos, les recordé el abrazo mariposa y se lo aplicaron; los guié para que realizaran movimientos oculares siguiendo un muñeco que yo moví horizontal, vertical, en parábola, en ochos horizontales y verticales, y en círculos; les puse de fondo música bilateral; mientras me volvían a platicar lo sucedido, checando su lenguaje verbal, paraverbal y no verbal para evaluar su mejoría. También, es importante señalar que les apliqué y se aplicaron tapping EFT en puntos energéticos del rostro, clavícula y mano. Todo lo cual contribuyó a una mejoría notable en el bienestar de mis hijos, en esta y en otras sesiones de seguimiento. Ah, también importante decir que estuvo presente en el incidente mi nieto Matías, de entonces 4 meses de nacido, y a quien le hice tapping EMDR y EFT táctil en sus rodillas, hombros, rostro, clavícula y manos, además de que su inconsciente escuchaba la música bilateral. Y para que hubiera una mejoría todavía más amplia, mi esposa llevó a nuestros hijos y a mi nieto con un sobador experimentado, el cual ya desde otras veces había comprobado ser efectivo. No omitiré decir que el gatito falleció y lo enterramos en un jardín de nuestra casa, orando por él y despidiéndose mis hijos y nietos de él; ok, el bebé Matías no oró.

CASO 23. Ante un Borderline.

Ante un consultante diagnosticado con transtorno límite (borderline) de personalidad, entonces hay que recordar que en estas personas hay vacíos existenciales e intentos suicidas. El vacío se puede "llenar" usando Gestalt (acuérdense de Paco Peñarrubia con su vacío fértil). Para los intentos suicidas hay que detectar cuál fue el trauma original desencadenante y los contextos en que se han dado dichos intentos suicidas. Obvio que aparte de destraumatizar a la persona hay que facilitarle el tejer un nuevo sentido de vida y una reconstrucción de su imagen familiar de origen (figuras parentales). En los casos de esta clase que he atendido, ha habido dificultad en el abordaje terapéutico, se trata de individuos susceptibles, pesimistas, con frecuentes crisis existenciales, de baja autoestima y hasta de autoagresión. Se necesitan bastantes sesiones (frecuentes), mucha tolerancia, comprensión y rapport, así como medidas de seguridad para cualquier eventualidad, y abordaje multidisciplinario para notar avances. Y, como ya lo he sugerido bastante, aparte de los enfoques convencionales (Gestalt y Cognitivos), también incluir los enfoques no convencionales (Técnicas de Integración Cerebral y Energéticas).

NOTA: En todos los casos, por supuesto que aplico aspectos básicos como rapport, rastreo, igualación, calibración, escucha activa, espejeo, además de que al final procuro la resignificación e indagar el aprendizaje significativo, cerrando de manera que el paciente no esté alterado o "abierto", asimismo, suelo prescribir tareas o acciones a seguir que reforzarán el cambio sobe el caso en particular. Ciertamente, no me apego ciegamente a los manualitos del EMDR, EFT o Gestalt, porque he desarrollado un estilo propio, por eso remarco que empleo de estos solamente ALGUNOS ELEMENTOS, porque no soy experto en esos enfoques. Y es cierto que no puedo escribir realmente TODO lo que realicé o lo que hizo el paciente, sin embargo, confío en que los que me leen, sobre todo, los que saben de Psicología y Psicoterapia tendrán una idea aproximada de lo que sucedió en cada caso. Al buen entendedor, pocas palabras.

5.- FACILITANDO GRUPOS

Aparte de los grupos escolares donde fungí varios años como docente; facilitando grupos, mi estilo para la terapia es acompañar a esas personas mayormente en Círculo, es decir, estando todos, incluso yo, formando un círculo, ya sea sentados en tapete, cojín o sillas. En otras ocasiones, lo he hecho estando las personas en forma de media luna, estando yo en un extremo de la semicurva.

No todo conjunto o conglomerado de personas es grupo o equipo. Se requiere que pasen por diferentes fases para que puedan evolucionar, cualquiera sea el lugar en donde se desarrollen. Por eso, la importancia de crear, conocer y asumir las reglas en cada grupo, con la participación de todo el grupo. Es uno de los puntos de partida, junto con el rapport.

Afina el Maestro Julio César Verdugo Lucero que, en realidad lo que muchos llaman "dinámicas grupales", son "técnicas grupales".

5.1- SENSIBILIZACIÓN GRUPAL

Dice Myriam Muñoz Polit (en su libro "La Sensibilización Gestalt en el trabajo terapéutico. Desarrollo del potencial humano") que el procesamiento es el aspecto más importante del trabajo del sensibilizador. Casi cualquiera puede poner un ejercicio, pero la habilidad del facilitador se prueba al manejar los resultados de esa ejecución, en cómo procesa el material que las personas reportan. Para lograr un buen procesamiento, el facilitador debe tener capacidad empática, actitudes de aceptación y congruencia y capacidad para comunicarlas, además de las habilidades de reflejo de contenido, de sentimientos y concretización.

El procesamiento normalmente se hace con el grupo total, aunque se puede ayudar previamente a éste aplicando ejercicios en los cuales se comience a procesar en pequeños grupos compartiendo lo que les ha ocurrido. Recomiendo esto cuando el grupo es muy grande; así, durante el procesamiento con todos, sólo se comparte lo significativo y no la descripción detallada de la experiencia, puesto que fue hecha previamente; también es recomendable cuando se está en la etapa de integración, donde es muy importante generar confianza, y es menos amenazante expresarse en pequeños grupos.

Aquí vuelve a ser importante el cuidado y la atención al grupo. El facilitador tiene que procesar uno a uno, individualmente, sin perder la visión de lo que les pasa a los demás. Algo que recomiendo es ir con cada persona y no dejar inconcluso al que está reportando su experiencia".

En cuanto a mi experiencia, puedo decir que para facilitar cada vez mejor una "dinámica grupal" es necesario entrenarse estando en grupos terapéuticos o de formación de terapeutas donde se experimenta "en vísceras propias" lo que implica estar en un grupo y además aprender de los maestros o facilitadores de grupo que tienen experiencia en eso. En mi caso, me tocaron las experiencias de haber asistido a un Taller de Círculo Mágico mientras estudiaba en la Facultad de Psicología, luego en la Maestría de Terapia Gestalt en INTEGRO de Guadalajara-Colima me formaron con un sistema que implicaba trabajo sensibilizador y terapéutico de manera grupal; luego en un diplomado de Constelaciones Familiares también se abordaron de manera grupal las prácticas; además de varios cursos y talleres grupales donde participé y que después serían fuentes y guías a seguir por mí cuando me ha tocado ser facilitador grupal e individual. En mis primeros años de egresado como Psicólogo me acuerdo que cometía el error de hacer que los participantes de un grupo realizaran varias actividades o "dinámicas" grupales, digo error porque después entendí que no es la cantidad de actividades o experimentos que se realicen sino la calidad de los mismos y el saber procesarlos lo que será de utilidad, es decir, en ocasiones bastará una sóla actividad para que un grupo proyecte o trabaje asuntos de su vida y encuentren algún aprendizaje o resignificación. Y ya que toco el tema de la resignificación opino que en el procesamiento de una actividad (técnica, experimento o dinámica) es muy importante saber preguntar ¿De qué te das cuenta? ¿Qué aprendes de esto?¿Qué con tu vida? ¿Para qué te sirve esta actividad? ¿Con esta actividad a qué situación de tu vida te conecta? ¿Qué es lo que te llamó la atención de esta actividad (situación, personaje u objeto)?, etcétera.

5.2.- INTEGRACIÓN GRUPAL

Para diagnosticar y trabajar en grupo la "Integración Grupal" suelo utilizar dos alternativas.

Que completen un rompecabezas (de 100 piezas) o que escriban en papel o cartulina una lista de "las 10 reglas de disciplina más importantes para ustedes" o "los 10 valores más importantes en este grupo". Les menciono que ellos se pondrán de acuerdo y que a partir de ese momento no me tomen en cuenta, que el tiempo máximo para la tarea es de 20 minutos y que yo les diré cuando termine ese lapso. Me acomodo en un lugar estratégico, aunque observando y escuchando disimuladamente y sin despertar sospechas o interferencia en el grupo. Agotado el tiempo se hace una retroalimentación donde se trabaja con cada participante sobre su manera de comportarse y de reaccionar en el grupo en esos 20 minutos de la tarea a realizar. Su rol, sus emociones, su distancia respecto a los demás, su productividad, su motivación, sus ideas, actitud asumida, su sentido de pertenencia, el sentirse escuchado o ignorado, si alguien prefirió ir al baño en ese lapso, los liderazgos y subordinaciones, y los subgrupos evidenciados. También, se les pregunta cómo se parece su actuar en esta tarea con su actuar en otros grupos

(familiar, escolar, laboral) o en este mismo grupo en otros momentos. Profundizo en cada participante hasta donde él me lo permita. Le pregunto de qué se da cuenta, de dónde y de quién aprendió ese comportamiento o esas reacciones, de qué manera puede mejorar su integración en el grupo y a qué se compromete. De qué maneras concretas (metamodelando) se valdrá para cambiar su actitud y comportamiento. En fin, tantas cosas que surgen de una tarea de la cual no sospechan el trasfondo. En una ocasión, hasta me atreví a arrugar y hacer "bolita" una cartulina donde los participantes de un grupo habían escrito "10 reglas de disciplina", y este hecho también removió sentimientos en algunos que mencionaron después que se molestaron por la acción, y que por supuesto se les retroalimentó en qué otro momento se han molestado así. Por último, es importante reflexionar sobre las dos implicaciones que tienen los participantes:
1.-Como personas individuales, con libre albedrío.
2.-Como miembros de un grupo o sistema, donde sus decisiones y conducta afectan a los demás de ese grupo, con los factores que ya se señalaron arriba. Y aparte de los fenómenos grupales hay que tener en cuenta los fenómenos transgrupales, donde pueden estar actuando 'dinámicas ocultas' y sentimientos adoptados (ver los fundamentos de Constelaciones Familiares) relacionadas con la historia de un miembro en un momento del pasado de este grupo, en su grupo familiar, laboral o escolar. Y que ambas implicaciones afectan lo que son y hacen en su totalidad como persona, en ese y en otros grupos.

5.3.- LAS GORRAS ROJAS

Les comparto esta técnica grupal que improvisé en una participación que tuve en un Programa de Desintoxicación en un Centro penitenciario. 100 % improvisada, no estaba en el guión de esa tarde. Esto duró más de hora y media.

Recursos usados:

-Lugar donde los participantes puedan sentarse en un cojín, en este caso fue un salón alfombrado y con cojines para todos los 15 participantes.

-Cada integrante posee una gorra roja, personalizada con su nombre y usada ya en varias ocasiones en otro tipo de actividades del Programa de Desintoxicación de Drogas en el que están inmersos más de 100 días.

-Y por cierto, hace varios años (a los integrantes de otra generación) se les mencionó que en las sesiones de psicoterapia ya no se pusieran la gorra en su cabeza porque esto interfería en su desempeño, por lo que desde entonces no la traen en su cabeza en las sesiones terapéuticas.

Procedimiento:

-Los integrantes, junto con el facilitador, se colocan sentados en cojines sobre el tapete y crean un círculo de personas.

-Se les dice que, estando sentados, cada quien coloque su gorra frente a sí mismo, en dirección hacia dentro del círculo de personas. Entonces se les pide que respiren profundamente mientras contemplan su gorra, estando concentrados en lo que surgirá en cuanto a imágenes, sensaciones, pensamientos y sentimientos.

-Realizar breve retroalimentación de sus experiencias.

-Luego, se les insta a colocar su gorra en el centro del círculo de personas, donde quede satisfecho.

-Cada miembro dirá en una palabra lo que cree sobre lo que formaron con la acumulación de las gorras (configuración o constelación).

-Entonces, realizar retroalimentación de las respuestas del punto anterior, en cuanto a la manera en que tomaron y colocaron su gorra (trato que proyectan a sí mismos), y de su ubicación en el grupo en cuanto a actitudes, posturas, paraverbalidades y polaridades de unión-desunión, organizados-desorganizados, cercanos-lejanos, impulsivo-sereno, concentrado-indiferente, entre otras, ¿esa ubicación los hace sentir agradables o desagradables, cómodos o incómodos?

-Decirles que es momento de que cada quien es libre de hacer un movimiento con su gorra y colocarla donde crea conveniente.

-Volver a retroalimentarlos sobre los aspectos ya señalados dos puntos arriba.

-Pedirles que, estando levantados, se coloquen las manos en el rostro y que se concentren en los primeros 7 años de su vida (durante 5 ó 7 minutos, y en caso de que algún integrante llore o se altere hay que aplicarle estimulaciones bilaterales en los hombros mientras se le tranquiliza con palabras).

-Luego, nuevamente con las manos en la cara y con la gorra puesta en su cabeza, vuelvan a concentrarse en sus primeros 7 años de vida, y que si alguien recordaba algo desagradable se autoaplicará una técnica de las que han aprendido para transformar lo negativo (estimulaciones bilaterales, manipulación de submodalidades, tapping, etcétera (durante 15 minutos y obvio que observándolos para cualquier contratiempo)

-Retroalimentación sobre lo experimentado.

-Después, para formar una cadena, cada integrante toma de las manos a los compañeros que están a los lados y estando así (sin romper la cadena) se turnan para pasar al centro de la configuración de las gorras y expresar algo que sienta, en una o pocas palabras. Al final, el facilitador (en este caso, yo) también pasa al centro, tomando de las manos a quienes están a mis lados, y recuerdo que les dije que daba gracias a Dios por darme la oportunidad de poderles facilitar ejercicios que les ha permitido aprender y darse cuenta de muchas cosas, que también agradecía a sus padres y a sus madres por contribuir a que existan, y sobre todo darles las gracias a ellos como participantes de ese grupo, por estar ahí en ese momento y abrirse a la experiencia.

-Como acto final, les solicito que sigamos tomados de la mano en círculo, que cierren los ojos y concentrados escuchen un discurso improvisado por mí, tomando en cuenta la temática del color rojo de las gorras. Palabras más, palabras menos, les dije: cuando estés afuera, en el exterior, consigue una gorra roja para que recuerdes lo que has aprendido en este Programa. El rojo de la gorra es el rojo de tu corazón y de tus sentimientos, es el rojo de tu sangre. Tu sangre es tu familia, y llevas sangre de tu padre y de tu madre. Cuando te pones en la cabeza esta gorra te estás colocando la esencia de tus padres y de su sangre.

Que esta gorra roja sea un amuleto, un talismán, un apoyo, un escudo, una motivación y un recordatorio de que no estás solo en esta vida. Así como necesitaste ayuda para pasar al centro de este círculo y centrarte, también necesitas la ayuda de tus padres para seguir adelante y para valorar esta gorra y su color tan fuerte y tan vivo. En esta gorra está tu cabeza y tu corazón, el amor a los demás, tu familia y tú mismo.

5.4.- INTEGRACIÓN DE POLARIDADES EGOICAS

Las polaridades que me interesa abordar en esta colaboración son sobre los egos que habitan dentro de nosotros, los cuales emergen en nuestros defectos y que se manifiestan en "la vocesita" que nos autosabotea de muchas maneras y en posturas corporales, comportamientos inadecuados, emociones destructivas o adquiridas.

Cuando se le ha preguntado a algunas entidades negativas paranormales quiénes son, responden: "somos legión". Esto aplica para la cantidad de egos, subpersonalidades o tipos de vocesitas que tiene cada ser humano.

Escribe Samael Aun Weor en 'Psicología Revolucionaria': "Pensar que si una persona se llama Luis es siempre Luis, resulta algo así como una broma de muy mal gusto. Ese sujeto a quien se llama Luis tiene en sí mismo otros "Yoes", otros egos, que se expresan a través de su personalidad en diferentes momentos y aunque a Luis no guste de la codicia, otro "Yo" en él —llamémosle Pepe— gusta de la codicia y así sucesivamente...".

Hal y Sidra Stone, desarrolladores del "Diálogo de Voces" (con fundamentos gestálticos y junguianos) se dieron cuenta que es necesario restablecer el contacto con las voces reprimidas, para emprender un proceso de diálogo (con la ayuda de un facilitador) y reintegrarlas a nuestra vida.

Las voces no siempre son egos, a veces son partes superiores de nuestro Ser, siempre y cuando logremos comunicarnos con estas y que se expresen a través de nuestra voz de la Conciencia. Así, tendríamos la posibilidad de que, según nuestro avance espiritual, lograr que se expresen las diferentes partes de nuestro Árbol de la Vida, muy conocido en el conocimiento esotérico.

Por ejemplo, el maestro zen Dennis Genpo se dio cuenta de esto y aplicó el diálogo de voces de los Stone para encontrar 'voces trascendentes', como la Gran Mente y el Gran Corazón, entre otras. En el Método Silva Mental se practica contactar con la parte Sabia.

En disciplinas como el Gnosticismo se combina el uso de meditación para aniquilar los egos, con la ayuda de la introspección y de las partes del Ser del Árbol de la Vida, como la Madre Divina y el Real Ser.

Si a todo eso se le añade o se opta por tomar en cuenta el trabajo con técnicas de integración cerebral y técnicas energéticas, entonces se pueden desprender varias maneras de trabajar y abordar los egos y las polaridades, en un abordaje distinto a los roles en sillas gestálticas, en algo que va más allá de la sombra y la persona, más allá del Yin y del Yang.

Esta colaboración que realizo va en el sentido de compartirles el bosquejo de una sesión grupal que facilité. Como varios ya saben, laboro en una cárcel, y aquí existe un Programa de Desintoxicación de Drogas. La fecha en que facilité esta sesión me la reservo.

A veces, llego a un grupo a facilitar terapia con un tema elegido. En otras ocasiones, dejo que el tema me haga figura en la ronda inicial de comentarios del propio grupo. Esta vez, fue una de esas ocasiones en que una sesión se fue dando creativamente, guiándome por donde la intuición me iba marcando.

Lo describiré en una serie de pasos para una mejor comprensión del lector, aunque tomando en cuenta que esto en la práctica requiere de constante observación del grupo, realizar la retroalimentación profundizando lo necesario y en dado momento improvisar o buscar alternativas, según se calibre a cierto participante o al grupo. Y lo obvio, que esto no es una receta, es un proceso del cual otro facilitador puede apoyarse aplicando uno o más puntos de los tratados aquí. Yo lo llevé a cabo en 2 horas que tuve programadas.

1.-Preparación personal como facilitador, ya he dicho en otro momento que me calibro para saber si estoy fuerte (on) o débil (off) a través del test muscular del 'anillo de Omura' (el cual es usado en Coaching Wingwave y por algunos kinesiólogos).

2.-Inicio la sesión con una ronda de comentarios de lo que han venido experimentando hoy y en los pasados días en que no nos vimos. De aquí les hace figura a varios participantes el tema de "las vocesitas" que nos hablan y que son complicadas de manejar porque los involucran en problemas.

3.-Les facilito que respiren con el ritmo 488 (inspirar 4 segundos por la nariz, retener 8 segundos y exhalar por la boca durante 8 segundos). La postura que asumen es sentados en un tapete, con piernas cruzadas, espalda recta aunque sin llegar a la rigidez. Manos en postura relajada, receptiva o haciendo algún mudra. Esto durante 7 o 10 minutos.

4.-Luego, con su mano izquierda tocan su rodilla izquierda, escuchando la voz de esa rodilla izquierda, que se manifestará como un defecto o ego. Estando atento a las palabras o frases claves que diga esa voz.

5.-Con su mano derecha tocan su rodilla derecha, escuchando la voz de esa rodilla derecha, que se manifestará como una virtud o cualidad. Estando atento a las palabras o frases claves que diga esa voz.

6.-Escuchar una voz sabia (religiosa o de otro tipo) que desde encima de las rodillas da un mensaje.

7.-Hacer estimulaciones bilaterales alternadas a través de las manos que aplican tapping a las rodillas, de una manera vigorosa y rápida.

8.-Mientras se realiza el punto anterior, el facilitador les dirá que a la cuenta de tres harán un aplauso tan intenso como puedan. Esto se repite tres veces.

9.-Que visualicen (con ojos cerrados) que algo surge de la rodilla izquierda (persona, animal o cosa).

10.-Que visualicen (con ojos cerrados) que algo surge de la rodilla derecha (persona, animal o cosa).

11.-Ahora, que esas dos formas o figuras surgidas se mezclen o fusionen y estar atentos a lo que sucede, en sensación e imagen.

12.-Imagina que de la rodilla izquierda sale algo oscuro, síguelo con los ojos de tu imaginación y aplástalo con un aplauso.

13.-Imagina que de la rodilla derecha sale algo luminoso, con tus dos manos tómalo delicadamente e incorpóralo lentamente en tu corazón. Esperar unos minutos.

14.-Entonces que realicen la postura "anclaje de Cook", donde crucen pies y dedos de las manos. Esperar unos minutos.

15.-Realizar postura de "fijación del cambio". Cerrando los ojos, juntando los dedos de las manos, adelante de su plexo solar.

16.-Hacer estimulaciones bilaterales alternadas a través de las manos que aplican tapping a las rodillas, de una manera lenta y suave, esto para contribuir a establecer los cambios positivos obtenidos.

17.-Visualización del símbolo del Tao (Yin y Yang) y breve explicación de las polaridades y la importancia de la integración de estas.

18.-Retroalimentación de cada participante. A los cuales en ocasiones les pregunté: ¿seguiste las instrucciones o te surgió algo contrario a lo que se instruyó? ¿cuál pierna (extremidad inferior) se te entumeció o te duele, las dos o ninguna? ¿qué viste y sentiste cuando intentaste fusionar las imágenes surgidas de las dos rodillas? ¿qué predomina en tu interior: voces, pensamientos, imágenes, sensaciones o qué? ¿cuáles son las palabras o frases claves que te dicen tus voces negativas y positivas y cómo las evalúas en este momento después de los ejercicios realizados? Y sobre la marcha surgen preguntas de lo propio que cuenta el participante.

19.-Cierre. Reunidos en círculo, parados, con los ojos cerrados y tomados de la mano, respiramos profundamente con el ritmo 488, imaginando que el símbolo del Tao está al centro del Grupo en este momento, grande y rotando lentamente. Luego, todos con calma nos hincamos y agachamos, aún tomados de la mano, para finalmente impulsarnos con cuidado con la cabeza hacia adelante y hacia el centro, quedando boca abajo así unos minutos. Fin de la sesión.

Nota: Como podrán ver los conocedores, los fundamentos de esta sesión incluyen lateralidades cerebrales, técnicas de integración cerebral, integración de polaridades, tercera posición y colapso de anclajes. Y, por supuesto, en otra ocasión que me base en esta sesión será diferente por lo que se experimente o por las técnicas que se faciliten, hoy fue así, mañana será otro día.

Reflexiones

¿A cuántos nos pasaba o nos pasa que no tomamos en cuenta o no nos acodamos de las esferitas integradas dentro de cada parte del símbolo del Tao?

El universo de esta tercera dimensión es dual, por eso, las técnicas y disciplinas que proponen la integración cerebral y la integración de polaridades son muy útiles, ejemplos de esas: EMDR, Gestalt, mudras con meditación, Brain Gym, Deswitch, etc.

5.5- TE VEO EN MÍ, ME VEO EN TI

1.-Proyectar al grupo un video de pocos minutos de duración o diapositivas de fotografías de un tema que los haga engancharse o proyectar sus traumas o sufrimientos de su niñez o adolescencia, por ejemplo, maltrato a niños, el crecimiento sufrido de un niño con carencias. Ver:

https://www.youtube.com/watch?v=vs7G1HV-_hQ

o este: https://www.youtube.com/watch?v=DxGnGYCzHC0

2.-Después de ver el video o el conjunto de fotografías/diapositivas, procede cada usuario a escribir en media hoja -tamaño carta- lo que sintió sobre la persona que vio (respecto a sufrimiento, dolor, pobreza, carencias, conflictos, defectos, sensibilidad, etc.).

3.-Leer lo escrito y en primera persona, y retroalimentar lo que va sintiendo y sus enganches.

4.-Instruir a los usuarios a que se apliquen el abrazo mariposa durante 10 minutos, mientras en silencio siguen concentrados en lo que sintieron al leer su escrito.

5.-De ser necesario, se puede brindar energía a quien esté demasiado afectado en su sentir. Uno de los presentes (de preferencia el moderador) pida a los demás que se le unan en imitar las estimulaciones bilaterales (alternadas) en las rodillas, a la vez que se tiene la intención desde el fondo del corazón y enviarle a esa persona fuerza, energía y amor. Esto puede durar 5 minutos o más.

6.-Escribir con miel una o más frases de las siguientes: "me amo", "me quiero", "me acepto", "me perdono", "me disculpo". Usando los dedos, esto se escribirá en un antebrazo, en un brazo, en el pectoral, abdomen, o en una pierna.

7.-Retroalimentar las experiencias.

5.6.- SESIONES GRUPALES SOBRE LA MUERTE

El 30 de octubre de 2013, la psicoterapia grupal dedicada a la conmemoración de la muerte (por el día de muertos) que realicé en la Institución donde laboro (una cárcel) consistió, primeramente, en que los presos expresaran sus ideas y sentimientos sobre la muerte, experiencias cercanas a la muerte y/o fallecimientos de seres queridos. Esto para ir procesando rapport, sensibilizarlos y saturarlos intelectualmente. Luego, cada uno de los participantes se taparon los ojos amarrándose un paliacate y se colocaron frente a la pared, esto para lograr concentración y enfocamiento en su imaginación y sensaciones corporales, guiados por mí en una visualización donde imaginaron atrás de ellos a sus familiares (árbol genealógico), enfatizando en esta ocasión a los ya fallecidos, y que de estos buscaran a una persona que les proporcionara fuerza, protección y sabiduría, reconocieran, honraran y agradecieran a dicha persona muerta. En este punto, se giraban para estar frente a dicha persona, la cual estaba representada en una calaverita de azúcar que colocaron en un cojín, con el nombre, apodo o tipo de familiar que eligieron. Entonces, se les guió a que fueran comiendo la calaverita, a su propio ritmo, sintiendo y agradeciendo, para que fueran incorporando e integrando lo que ese fallecido les proporcionó (fuerza, sabiduría, protección, bendición, consejos, etc.) así como asumir compromisos con ese muerto para retribuir lo que les fue dado (algunos se comprometieron a orar, ofrendar coronas, visitar tumba, construirle un altar, entre otros compromisos).

Después, otra vez con los ojos tapados con paliacate, los guié en una visualización donde a su lado izquierdo aparecía representada La Muerte, y a su lado derecho aparecía representada La Vida, el participante dialogaba con cada una y después observaba que se iban acercando entre sí, hasta que se fundían entre sí, y que pusiera atención en todo este proceso, en lo que veía y en lo que sentía. Minutos después, les guié a que fantasearan que a su lado izquierdo aparecía su madre, y a su lado derecho su padre, igual que lo anterior, se les brindó la posibilidad y tiempo de que dialogaran, observaran y sintieran, para terminar esta parte en que ambos progenitores (biológicos) se acercaban y se abrazaban, y que el preso tenía la libertad de decidir participar o no en ese abrazo. Las dos anteriores actividades tendientes a que integraran polaridades. Y obviamente, acompañé a cada participante, de manera individual cuando intuía que era necesario, por las reacciones, posturas o sentimientos manifestados, incluyendo tapping de estimulaciones bilaterales en hombros o rodillas en algunos para que reprocesaran lo que les estaba provocando sufrimiento o enojo.

En la etapa final, se brindó un espacio y tiempo para comentarios, resignificaciones y experiencias sentidas durante las actividades. Algunos lloraron o se sensibilizaron por tener familiares fallecidos recientemente, expresaron sus sentimientos, y resignificaron su relación con ellos, agradeciendo por haber tenido una oportunidad como ésta para experimentar algo que era necesario desahogar y quedar más tranquilos. Y se les invitó a dar seguimiento individual en otra ocasión a quien lo deseara.

En una ocasión, hace varios años, estando en sesión psicoterapéutica grupal en una cárcel, un participante propuso una actividad que la llamó 'Levantar al muerto'. Consistió en que una persona se acuesta boca arriba y con los ojos cerrados en el centro del espacio terapéutico. 6 voluntarios (3 a cada lado del acostado, luego la meta es levantarlo con 2 voluntarios a cada lado) introducen los dedos anular e índice de la mano (los dos siguientes al dedo 'gordo') debajo del acostado y entonces a coro y con seguridad afirman dos o tres veces cada frase: "*Aquí hay un muerto, tan firme como una roca, tan duro como una piedra, tan ligero como una pluma. Levantémoslo*". Y al terminar la frase intentan levantarlo, y espectacularmente se nota al primer o segundo intento que lo consiguen levantar. Naturalmente, se les pidió concentración, intención y seguridad en realizar esta acción. Se logra levantar a la persona quizá por sugestión, fuerza mental, o por lo que sea, lo importante es que en las ocasiones que he facilitado este ejercicio varios participantes se sorprenden del poder de la mente, otros se motivan para intentar retos complicados en sus vidas.

Durante una clase de Maestría en Terapia Gestalt en INTEGRO, en Guadalajara, el Maestro Fernando González nos facilitó una actividad donde se eligió a una persona que había fallecido (me tocó a mí representar al fallecido) y a los demás los fue sensibilizando y guiando hacia sentimientos de tristeza, mientras yo permanecía inmóvil, acostado boca arriba y con las manos al pecho, al centro del espacio, conforme pasaron los minutos, comencé a escuchar algunos sollozos y lamentos, según supe después, también se acercaron a mí para tocarme y mirarme de cerca. En la retroalimentación algunos expusieron su proyección, recordando la persona fallecida que les hizo figura, algunos mencionaron un padre, otros una madre, un hermano, un abuelo, entre otros.

Por otro lado, aunque Fritz Perls no advirtió ni coqueteó con asuntos paranormales, y además de que no tengo temor del juicio de mis colegas les confieso que cuando he facilitado el ejercicio de la silla vacía gestáltica a personas que dialogan con un fallecido ha habido algunas ocasiones en que he escuchado ruidos extraños, los pacientes sienten la presencia del fallecido de una manera que parece ir más allá de la pura sugestión, es decir, como si la energía de ese muerto está presente en ese momento. No quiero asociarlo con espiritismo o fantasmas, simplemente pareciera que este ejercicio conecta al paciente con energías externas más profundas y trascendentes de lo que supuso Fritz Perls.

Algo similar ocurre en las Constelaciones Familiares y Movimientos del Espíritu, donde se mueven energías con resultados asombrosos. Y aunque Bert Hellinger ha sido precavido en no darle una interpretación paranormal, y declarando reservada distancia de las interpretaciones chamánicas.

En sesión de terapia grupal el 29-octubre-2014 en mi lugar de trabajo (una cárcel), que titulé 'La Muerte y la Vida', facilité los siguientes puntos:

1.-Como introducción se facilitó la expresión de creencias propias de cada participante sobre la muerte y la vida. Retroalimentando y reflexionando sobre la diversidad de creencias y el respeto que merecen estas, además de que son cambiantes a partir de nuevas experiencias significativas.

2.-Después de respiración rítmica y relajación mental, los participantes cerraron los ojos y los guié para que se concentraran en un ser querido ya fallecido a quien extrañaran mucho en ese día o días previos. Se les enfatizó que se enfocaran en la tristeza que sentían sobre él y no en la culpa o enojo que pudiera haber. Simultáneamente al guiarlos, con mis manos creo un sonido bilateral al impactarlas alternadamente en el piso. Nota: Este segundo punto está inspirado en el método IADC del Dr. Allan Botkin, que surge como una variante del EMDR. Se hace la respectiva retroalimentación y algunos hacen figuras sobre aspectos específicos con sus seres queridos, variando la intensidad de lo experimentado, incluyendo cuatro que aseguraron lo sintieron muy real como si estuvieran platicando en vivo con su familiar.

3.-Lo siguiente fue que, con los ojos cerrados, visualizaran su calavera en un espejo durante varios minutos, detectando sensaciones, emociones y pensamientos sobre lo mismo. Luego la respectiva retroalimentación.

4.-Formados en filas espaciadas, ellos con los ojos cerrados, los dirigí en una visualización que consistió en imaginar que a su izquierda estaba La Muerte, y a la derecha La Vida, estando atentos a lo que apareciera representando lo dicho, ya fuera imágenes, sensaciones, voces o cualquier otro estímulo. Luego de que clarificaran lo descubierto en cada lateralidad lo integraron en un aplauso, volviendo a estar atentos en lo sucedido con dicha acción. Después, les mencioné brevemente el significado del lado izquierdo (lo femenino, las diosas, las vírgenes, la madre, y lo que implica aceptar o rechazar esto) y del lado derecho (lo masculino, los dioses, los santos, el padre, y lo que implica aceptar o rechazar esto). Por último, se retroalimentó lo experimentado.

5.-Finalmente, se realizó una ronda de comentarios finales y retroalimentación, entendiendo ésta como el enfocarse en el aprendizaje significativo, de qué se dieron cuenta, qué mensaje obtienen, qué les impactó más, y a qué se comprometen con el ser querido fallecido que fue el objeto de su atención. Y se invitó a sesión individual a los que quisieran profundizar en sus experiencias.

5.7.- PROGRAMAS DE DESINTOXICACIÓN PARA FARMACODEPENDIENTES

Ahora, se reflexionará lo percibido en dos Programas de Rehabilitación desarrollados en un medio carcelario, concretamente en el Centro de Reinserción Social de Manzanillo, en el estado de Colima, México.

'TÚ PUEDES VIVIR MEJOR'

EL primero de ellos, denominado 'Tú Puedes Vivir Mejor', que luego seextendió al Centro Penitenciario de Colima y a otros estados (Jalisco, Michoacán, Nayarit, Oaxaca, Querétaro, Yucatán, Sinaloa, Morelos y Tlaxcala) que decidieron planear y/o implementar algo parecido allá por los años 2006-2007. Este programa, en un principio estuvo enfocado en la desintoxicación de drogas y luego buscó ampliarse al campo del comportamiento violento, duró 7 generaciones en el Centro penitenciario de Manzanillo y más de 15 en el Cereso de Colima.

José Abel Saucedo Romero, Luis Vicente Valera Espíndola, Ruth Díaz Alcalá, Julisa Alcaraz Martínez y Juan Carlos Martínez Bernal, son cinco de los gestores en la planeación y práctica de este Programa coincidimos en haber tenido –o estar teniendo en aquel momento- una formación en Maestría en Psicoterapia Guestalt, siendo el enfoque terapéutico que mayormente utilizamos en las sesiones grupales e individuales con los voluntarios. También, nos unió el hecho de laborar en el Centro Penitenciario donde se desarrolló el programa señalado, habiendo estado los cinco comprometidos con la elaboración de programas para los talleres de psicoterapia grupal desde que inició el programa, y en la actualidad, algunos continuamos trabajando en este lugar, exceptuando a Saucedo Romero José Abel quien desde el año 2000 al 2007 (y en otra etapa del 2017 al 2018) se desempeñó como Director General de Prevención y Reinserción Social del Estado de Colima, es decir, como administrador del sistema penitenciario estatal, en el cual está inserto el Centro de Reinserción Social (CE.RE.SO.) de Manzanillo.

Basándose en un Programa exitoso desarrollado en Sinaloa, se comienza a delimitar el proyecto del programa adaptándolo a las necesidades y condiciones propias del entorno, el personal técnico elabora programas para las áreas de Psicoterapia, Psicología, Trabajo Social, Educación Física y Pedagogía; siendo importante mencionar que estos programas (incluidos los elaborados para los talleres psicológicos y psicoterapéuticos grupales) cumplieron la Norma Oficial NOM-025a-1996 de la Secretaría de Salud y Asistencia, además de apegarse a los lineamientos de la Constitución Política Mexicana, la Constitución del Estado de Colima y a la entonces Ley de Normas Mínimas sobre Readaptación Social para la atención y tratamiento de la farmacodependencia.

Las etapas de dicho programa eran: Etapa I. Desintoxicación y compromiso personal etapas de resiliencia y rehabilitación (II), y Recuperación y autoestima (iii). Etapa IV. Cuenta regresiva y coach.

En conjunto con el área de Seguridad y Custodia, se crea el Manual de Valoración de la Conducta, la Calidad y Productividad en el Trabajo Terapéutico de los Voluntarios del Programa, el cual rige el comportamiento que deberán observar los voluntarios integrantes del programa antes mencionado, así mismo, contempla los ordenamientos de convivencia a los que se sujetarán.

Los elementos de técnicas psicoterapéuticas más utilizados en sesiones grupales e individuales son:

GESTALT (Silla caliente, silla vacía, liberación de emociones, resignificación, confrontación, enfoque en el aquí y ahora, manejo de polaridades, fantasía dirigida, sensibilización y contacto, entre otras).

PNL (Anclajes; colapsamiento de anclajes; metamodelo; manipulación de submodalidades con visualizaciones; reencuadre; metaposiciones; Presupuestos Básicos de la comunicación. "La conducta no es la persona"; Vínculos comunicacionales. Como funcionan los sistemas representacionales en el proceso comunicacional; Técnicas para cambiar estados negativos. Crear y mantener estado de excelencia, para alcanzar objetivos. Estrategias generadoras de nuevas conductas. Aprender a desarrollar la capacidad mental. Creencias y valores; así como el poder de elegir mis nuevas conductas, Autoestima y decisión).

EMDR (Desensibilización y Reprocesamiento de Movimientos Oculares y otras estimulaciones bilaterales).

Cognitivo-Conductual (Entretejido cognitivo, reestructuración de creencias, reforzamiento, catastrofismos, entre otros).

Transpersonal (Constelaciones Familiares, e Reiki o imposición de manos, ejercicios chamánicos, ejercicios espirituales acordes a la creencia de cada voluntario, sentido de un Dios personal, sentido de vida o logoterapia, Chi-kung.

Así como entrenamiento en Coach que es facilitado, entre otros, por la Maestra en Terapia Sistémica Luz Martina Velázquez Serrano.

En lo tocante a psicoterapia individual, en promedio, se han dado más o menos 100 en cada generación, es decir, un promedio de 5 atenciones a cada voluntario, aunque en realidad y por diversas circunstancias que se presentan, a algunos han llegado a tener 4 y otros hasta 8 atenciones individuales durante los 100 días que dura el programa.

Por otra parte, se facilitó psicoterapia grupal a familiares de voluntarios del programa para lograr que estos contribuyeran de alguna manera a la recuperación del voluntario. De inicio, era una sesión cada quince días, sin ser obligatoria la asistencia a estas. Luego, las sesiones se hicieron una cada semana, lo cual resultó más satisfactorio para los asistentes. Se han notado cambios en los familiares que acuden a psicoterapia grupal en el sentido de que han reducido la frecuencia de platicar información negativa que afecte al interno; en algunas familias ha mejorado la calidad en la relación padre-interno, madre-interno, hermana-interno. Aunque el apoyo familiar en directo en los reencuentros familiares se considera muy importante en la recuperación de los voluntarios es importante decir que la visita de estos es recomendable aunque no indispensable, es decir, lo ideal es que reciban la visita y el apoyo de los familiares, sin embargo, en lo fundamental, la rehabilitación parte de su propia personalidad, a pesar de que no recibiera visita familiar (como sucede con algunos voluntarios que siguen siendo rechazados por lo que hicieron en su pasado).

FUNDAMENTOS DE LA PSICOTERAPIA GUESTALT APORTADAS AL PROGRAMA.

LA Terapia Gestalt nos parece muy adecuada y efectiva al facilitar a los voluntarios a que se sensibilicen, expongan convencidos los problemas queasocian con sus adicciones y se den cuenta de lo que es pertinente hacer para solucionar sus situaciones enfocados a su aquí y ahora.

El organismo humano opera de forma diferencial (holística) y no de forma aislada estímulo-respuesta, es decir, cada hecho, situación o problemática se aborda de manera integral, interesándole el cómo y para qué, no el por qué.

El hecho de que este tipo de terapia se centre en el aspecto vivencial hace poderosa la posibilidad de transformar los fenómenos que experimentan, así como de resignificar su vida a partir de lo que se dan cuenta. Con el fin de reencontrar recursos y herramientas para que el voluntario afronte sus recuerdos y emociones de una manera más útil y beneficiosa para su vida, tendiendo de preferencia a un resultado ecológico en sus medios y resultados.

La Gestalt proporciona técnicas que hemos aprovechado para que los voluntarios liberen emociones, metaforicen sus inquietudes y se concentren en el momento presente como palanca para retroceder o avanzar en el vehículo de su ser. También implica un sentido humanista de servicio a los demás, aunado a que se complementa y enriquece con las aportaciones de enfoques transpersonalesreligiosos-espirituales.

Una parte significativa en la terapia Gestalt es comparar al terapeuta con el artista, el cual parte de sus propios sentimientos y utiliza su propio estado de ánimo como instrumento terapéutico en donde se sintoniza con la persona con quien está en contacto y con quien está interactuando de manera que pueda nutrir desde dentro pero también se deberá calibrar para detener y cambiar el poder estar desde afuera permitiendo el flujo natural del consultante y así instalar la aceptación de su responsabilidad.

Desde aquí podríamos señalar que en el caso de las personas su mayor dificultad está en el poder resolver situaciones cotidianas de manera sencilla y que por eso deciden distorsionar su realidad a través de cualquier adicción.

Entonces, en la psicoterapia permitimos que en la visión de vida lo que no se alcanza a percibir de su fondo emerja y tome el lugar correspondiente para ir concluyendo uno a uno de los elementos, del más al menos importante.

Las situaciones que la Gestalt propicia para la dualidad figura-fondo es el concluir asuntos, a través de proponer ir a donde quiera ir la persona en su vivencia real una vez que ésta pertenezca al grupo, sea éste voluntario o involuntario, permitiendo explorar las condiciones de toma de conciencia del contacto, y sobre todo la posibilidad de explorar diferentes oportunidades para experimentar nuevos modos de convivencia para poder restaurar, renovar e influir sobre actitudes y comportamientos autolimitadores.

Los Polster afirman que para el terapeuta gestaltista no existe el paciente abstracto ni la condición genérica de los pacientes sino que existe la persona en relación con su esencia social aplicada al esfuerzo de crecer mediante la integración de todos los aspectos de sí mismo.

En el aquí y ahora el voluntario recuerda, resignifica su pasado confrontándolo, y planea el futuro, asimismo, vive su presente para evitar la despersonalización, retoma la presencia del ser, con todo y sus experiencias.

La Gestalt, según Fritz Perls, considera el significado de la agresión como fuerza biológica, e incluso se puede agregar que biopsicoespiritual, si ampliamos el término, es decir, como una función de la autorregulación del organismo para buscar su equilibrio. Entonces, el agresor no tiende a la aniquilación de su objeto. Quiere apoderarse de algo, pero encuentra resistencia, por lo que procede a destruir la resistencia, haciendo que quede intacta la mayor parte posible de la sustancia que le es valiosa. Y es que la agresión tiene un objetivo común con la mayoría de las emociones: no ser una descarga sin sentido; sino más bien una aplicación de su intención positiva.

Las relaciones existentes entre el individuo y la sociedad y entre los grupos sociales no pueden entenderse sin considerar el problema de la agresión.

Desde la teoría de la Gestalt, el organismo lucha por mantener un equilibrio que continuamente se ve perturbado por sus necesidades y que se recupera por medio de su satisfacción o eliminación. Las dificultades que surgen entre el individuo y la sociedad tendrán como resultado la producción de delincuencia y neurosis.

Claudio Naranjo, en su libro "Gestalt de Vanguardia" presenta a Paolo Baiocchi como uno de los talentos de la Gestalt, sobre todo por su experiencia en el tema de las adicciones, así que a continuación citaré parte del artículo 'El trabajo terapéutico en los problemas complejos (en las dependencias y en las compensaciones neuróticas)', escrito por Baiocchi en el libro mencionado:

"Todas las dependencias son compensaciones al problema, y no el problema en sí mismo. Las compensaciones se vuelven compulsivas, porque son la forma rápida que una persona tiene de crear placer. El descubrimiento más importante que he hecho –y que es fundamental para comprender la estructura del problema complejo- es que el placer es el mayor anestésico del mundo.

En general, las personas dependientes creen que estas consecuencias negativas (perder empleos o el afecto de las demás personas, que su cuerpo esté dañado) son el problema. Las consecuencias no son el problema. Son el precio del exceso que la persona desea vivir. Por supuesto, la gente quiere que el terapeuta le ayude a liberarse de dichas consecuencias, sin dejar de disfrutar de la compensación. En términos gestálticos, la compensación se halla siempre en manos de la parte del 'perro de arriba' o 'mandón', que sigue una lógica de poder que se funda en la matriz instintiva que constituye la base de nuestro ser.

Otro riesgo de equivocar la pista que podría conducir a la solución consiste en centrar la atención en la actitud que tiene el ego del paciente respecto de la compensación tras experimentar el dolor producido por las consecuencias. En este nivel podemos ver la herida narcisista ('no soy perfecto porque...', 'no soporto la existencia...') y la lucha consiguiente contra la compensación y las consecuencias (los alcohólicos deciden dejar de beber, los bulímicos deciden dejar de comer, los laboradictos se juran que dedicarán más tiempo a la familia y a los amigos...). Esta lucha puede adoptar un aspecto omnipotente, en el que el ego disfruta el poder que da el ser más fuerte que la pulsión interna, o puede conducir a un fracaso depresivo, en el que el ego dimite derrotado; o, en la mayoría de los casos, a una típica oscilación permanente en el que se alternan las dos fases. En este caso, nos enfrentamos con una necesidad narcisista y perfeccionista de mantener el control y de luchar contra las pulsiones internas que, a todos los efectos, se convierten en el placer anestesiante más significativo del paciente.

Nadie sabe, ni siquiera el terapeuta, cuál es el problema real de la persona que presenta el falso problema de dependencia. Yo lo llamaré el problema original, porque la compensación extrae su energía de él. Esto se demuestra por el hecho de que las recaídas tienen lugar especialmente en periodos de crisis y dolor, y por la típica necesidad de incrementar la conducta compensatoria para obtener el efecto de eliminar el dolor (de hecho, el exceso que conduce a las consecuencias se debe a este mecanismo).

El problema original siempre pertenece a 'la parte del perro de abajo' (o 'mandado'), que sigue una lógica afectiva. Esta parte es menos fuerte y poderosa que la 'parte del perro de arriba' (o 'mandón'), porque se basa en un poder afectivo, típico de los mamíferos, que necesitan un lento proceso de maduración en las relaciones; la 'parte del perro de arriba', por el contrario, saca su fuerza de la zona instintiva de nuestro ser, una zona parecida a la de los reptiles que, en términos evolutivos, es más antigua que el poder afectivo de los mamíferos.

Pero, para poder explorar la anestesia y llegar al problema original, es imprescindible en primer lugar:

-No dejarse engañar por la naturaleza de la compensación: normalmente, se cree que una persona dependiente es débil, cuando, de hecho, es en la propia dependencia donde dicha persona se haya en la cima de su poder, puesto que experimenta un estado solitario de omnipotencia.

-No dejarse despistar por la lucha del ego, que se concentra en los tres niveles en donde no se halla el verdadero problema.

-El nivel 1 es el Problema Original, lo afectivo. El nivel 2 es la Compensación. El nivel 3 son las Consecuencias del exceso. El nivel 4 es la Lucha intelectual del Ego.

-Atravesar con paciencia los diversos niveles, en los que normalmente encontraremos confusión, anestesia, negación, eliminación y resistencia.

Por su parte, Carpenter Domínguez (2002) menciona que "*La psicoterapia Gestalt facilita que el individuo tome la energía de sus creencias negativas y las aplique a las positivas, y el adicto tiene en abundancia tanto creencias como vivencias destructivas. Y al conocerse más identifica la lucha entre su yo adictivo y su yo sombrío en forma de diálogo interno y así, el yo fortalecido al relacionarse con el medio ambiente aumenta su conciencia o su capacidad de darse cuenta, y de esta forma debilita al no yo o yo adictivo, y cuando el paciente incrementa su darse cuenta día a día en el aquí y ahora, hace fluir su energía para la vida y construye una filosofía de vida basada en ocuparse del presente y de lo que hay en él, experimentando y viviendo intensamente lo cómodo e incómodo tanto en emociones como en situaciones sin evadir, y expresar de forma directa, honesta*

y oportuna sus sentimientos aceptando ser quien es y dejando de querer ser quien no es, para lograr basarse finalmente en el autoapoyo".
En concreto, la psicoterapia Gestalt contribuye a la integración del voluntario de forma que vaya tomando conciencia de sus actos, viviendo el momento de lo que hayan sufrido y desarrollando los valores de responsabilidad, honestidad y respeto. Siendo muy importante el aspecto vivencial de la terapia y el manejo de polaridades, para que después de expresarla venga una resignificación. También, se vuelve relevante el trabajar aspectos del "niño herido", resaltando la creatividad en el aquí y ahora.

Si la persona no reestructura sus raíces familiares, se queda enganchado neuróticamente repitiendo patrones conductuales inadecuados e incoherentes que dificultan el vivir en equilibrio. En las vivencias de los voluntarios he encontrado que ellos como hijos desplazan la autoridad parental, lo que ocasiona que surja la culpa en sí mismo, el temor, y obviamente hay un perjuicio en su desarrollo, necesitando una orientación para que le señalen y guíen donde está atorado en el camino. Y es aquí donde el perdón es importante para que la persona devuelva a los miembros de su familia el lugar y función que le corresponden, sin invadir lo que a otro le toca, para no alterar el fluir de la naturaleza de su autorregulación y de las relaciones familiares. Entonces la persona logrará resarcir la culpa y restaurará la figura parental.

Jorge Andujo, Psicoterapeuta Gestalt, cita de Sergio Vázquez Martínez (Fundador de INTEGRO) "Desde la perspectiva gestáltica, el adicto tiene poco Padre y mucha Madre", fundamento que explica el manejo inadecuado por parte del adicto de su parte masculina, traducido en defectos de carácter, tales como su evidente ingobernabilidad, manejo inadecuado de su agresividad, entre otras, y desde luego su pobre referencia a un Poder Superior. Lo que lleva a la necesidad de reparentalizar a padre y madre, para poder concebir y sostener el concepto de Padre Celestial.

Se ha visto el fenómeno interesante de que aproximadamente la tercera parte de los 20 (y a veces hasta más) voluntarios de cada generación afirman haber sido objeto de abuso sexual o violación en sus primeros 15 años de vida.

Son notables los conflictos con las figuras de autoridad que en su momento representan los Oficiales de Seguridad y Custodia, así como el personal técnico (Trabajadoras Sociales, Pedagogo, Médicos, Enfermeros, Educador Físico) que les imparte sesiones grupales o atenciones individuales. Creemos que esto está relacionado con los conflictos que tuvo con las figuras parentales o tutoras, refiriendo frecuentemente haber tenido un padre (o similar) abusivo, violento y drogadicto, así como una madre (o similar) sumisa y sobreprotectora. Es frecuente que la educación recibida haya sido sin responsabilidad parental, recayendo ésta en familiares como abuelos, tíos, primos, entre otros. En la totalidad de los hogares de los voluntarios existió violencia física y psicológica; pobre comunicación familiar, algunos de ellos fueron abandonados o expulsados por sus padres. Generalmente estos individuos fueron catalogados como "la oveja negra" de la familia, lo que generaba frecuentes descalificaciones, carencias afectivas y sentimientos de inferioridad. Así mismo, consideramos que de 30 a 40% de los voluntarios son diagnosticados de proceder de familias conflictivas y disfuncionales y dependencia de sustancias por parte de una o
ambas figuras parentales.

Lo que deriva en que el individuo desarrolle problema de identidad, inexistencia de sentido de vida, control bajo de impulsos, baja tolerancia a la frustración, falta de capacidad de demora, pérdida de fe en la religión que le inculcó la familia, sentido de autocastigos, necesidad de agradecer, perdonar y ofrecer disculpas a una o más personas relevantes de sus traumas. Es relevante también el superar duelos, apegos emocionales con personas importantes en su vida (vivas o muertas), pobres raíces familiares y resignificar la tríada padremadre-hijo.

De igual manera, otras características de los voluntarios, de manera general, es su inestabilidad de pareja, la falta de contacto emocional, alto egocentrismo y soberbia, dificultad para recibir afecto por pobre sensibilidad, uso de mecanismos de retroflexión al consumir drogas, proyección en sus comentarios, vivencia frecuente en el papel de víctima, presentando dificultad aceptar que se equivocaron y tardando meses en aceptar y perdonar a su padre, así como reconocer que su madre también tiene su parte negativa. Y en cuanto a las peculiaridades psicosociales que traen los voluntarios antes de ingresar al programa se tiene: historial de conductas parasociales (tatuajes, consumo de drogas, faltas administrativas, etc.) y antisociales (delitos, daños a objetos o personas); bajo y/o nulo nivel de escolaridad; dependencia de una o más de una sustancia psicoactiva.

Como facilitadora en varias generaciones de este Programa de Desintoxicación, la terapeuta Gestalt Ruth Díaz, reflexiona: "El rescate de los lazos familiares a través de los reencuentros programados en el programa, ha sido un puente muy importante para el manejo del perdón (la capacidad de dar, ofrecer y tomar), siendo este evento un punto fundamental en el darse cuenta que obtuvo de su familia (introyectos, dependencias y patrones conductuales), para poder pasar a la modificación aplicada, ya sea con las personas que conviven o en su ventaja con las que pronto reiniciará su reincorporación a la vida. Ya que en alguno de los casos la familia del participante debido a las heridas emocionales, no quiere o no se puede integrar, he aquí entonces un punto importantísimo para poder verificar la necesidad no cubierta al inicio de la vida y por consiguiente resignificar sus carencias y vivencias".

Algunos preguntarán por los resultados de este Programa. Pues, como ya dije al principio, fuimos vanguardia nacional, los ojos estuvieron puestos en el Programa 'Tú Puedes Vivir Mejor', se promovió este Programa en varios Congresos y Foros nacionales de México, en nuestro estado (Colima) nos brindaron reconocimientos. Y en cuanto a estadísticas, a muchos años de distancia, fueron variando relativamente. Lo que yo pude observar y calcular es que un 25% de los farmacodependientes participantes tuvieron cambios significativos o profundos; el 50% cambios escasos o mínimos; y el otro 25% no tuvieron cambios y hasta recayeron en el consumo de drogas después de pocos días o semanas de haber egresado de este Programa, y además, algunos de estos cometieron algún otro delito y regresaron a prisión.

Cuenta mucho el seguimiento personal que los inculpados dan a su farmacodependencia, después de haber egresado de este Programa, o de cualquier otro. Los que más blindados están son los que se incorporan a alguna práctica religiosa o espiritual, los que recuperan relaciones familiares, los que valoran acudir a un grupo de autoayuda en el exterior como los Alcohólicos Anónimos, y los que superaron uno o más traumas psicológicos que losatormentaba en su vida.

En aquellos entonces que se aplicó este Modelo de Programa de Desintoxicación, diferente a los que se conocían como el Modelo Minnesota que aplica Oceánica, y los Anexos con sus nexos con los Programas de Alcohólicos Anónimos.

MODELO DE COMUNIDAD TERAPÉUTICA

Desde el año 2014 utilizamos en este Centro penitenciario de Manzanillo para tratar a los farmacodependientes el Modelo de Comunidad Terapéutica, basado en la Fundación Hogares CLARET de Medellín, Colombia, y por cierto, a nivel nacional (México) somos de los muy pocos estados (junto con Jalisco y algún otro estado) que aplicamos el Modelo de Comunidad Terapéutica en un Centro Penitenciario, con dos certificaciones federales desde entonces, por parte del CONADIC (Comisión Nacional contra las Adicciones), y una certificación próxima en trámite.

Para entender el Modelo de Comunidad Terapéutica, hay que encontrar en su fundación que Gabriel Mejía, sacerdote de la Congregación católica de los Claretianos, junto con un equipo de trabajo, adaptó a mediados de la década de 1980 este modelo para Colombia, basándose en trabajos ya realizados en Italia, Estados Unidos y República dominicana, porque este modelo data desde hace más de cuatro décadas, aproximadamente. Y en México, este Modelo se viene usando desde hace unos 11 años.

Una Comunidad Terapéutica es un centro que funciona en régimen residencial. Se orienta a la rehabilitación y a la reinserción social de las personas drogodependientes incluyendo, para ello, tratamientos de desintoxicación y deshabituación, fomentando el respeto, la honestidad, la responsabilidad, la humildad y en sanar la personalidad.

En la Comunidad Terapéutica se busca el trabajo personal y grupal del miembro comunitario.

Las fases en este modelo son:

Primera fase: Acogida al Programa. A través del recibimiento, realizándose una orientación, evaluación y diagnóstico para saber si es o no apta la persona para continuar en el Programa o para ser derivada a otro lugar. De continuar, también se le ayuda en la desintoxicación y recuperación nutricional, y donde adquirirá compromisos existenciales en este periodo de adaptación. Esta etapa dura aproximadamente un mes.

Segunda fase: Identificación. Adquiere vital importancia las relaciones con el grupo y el ser honesto al identificar los propios sentimientos, actitudes y comportamientos inadecuados de su personalidad, para aprender a conocerse a sí mismo y a convivir con los demás, como parte de su proceso reeducativo. Y es entonces cuando se elabora el plan de tratamiento personalizado para cada miembro.

Tercera fase: Crecimiento emocional antes que estatus. Aquí es vital que el miembro encuentre un sentido a su existencia, y que introyecte una actitud de sobriedad y trascendencia, teniendo claro su proyecto de vida. En esta fase será importante el dar y el recibir. El miembro tendrá que sobrepasar dependencias de personas, para lograr la reinserción.

Cuarta fase: Seguimiento. Donde se certifica su reeducación y avances terapéuticos.

En la Comunidad Terapéutica, todas las actividades y situaciones, planeadas o no, tienen un sentido terapéutico, reeducativo y ritualista. Así, el hablar, compartir, jugar, aprender, comer, dormir, escuchar, o enseñar, tanto a nivel colectivo como individual. Hacer especiales y ceremoniosos todos los espacios en esta Comunidad, ayuda al usuario a hacerse familiar con el sistema y romper con la relación de la historia Hombre-Droga, en donde se evidencia una simbología y ritualidad hacia lo negativo.

Los rituales en la Comunidad Terapéutica tienen que ver con la normatividad, reconocimientos, valores, sinos, palabras, gestos amables y otros.

Entre otros rituales se tienen los de: ingreso; de evaluación de etapa; de desprendimiento; de saludo al día; para pasar al servicio de alimentos; antes de iniciar cada terapia; bienvenida y despedida a las familias en los días de visita.

Entre las actividades que se realizan ahí están: Encuentro de la Mañana; Terapias grupales e individuales, terapia ocupacional, autobiografía, entre otras.

Por otra parte, hasta el momento en este Centro Penitenciario, se ha trabajado con 15 generaciones bajo el Modelo de Comunidad Terapéutica, estando próxima la inauguración de la dieciseisava, con una duración promedio de 4 meses cada una.

El aspecto de la espiritualidad, en la mayoría de las Comunidades Terapéuticas lo manejan en dos vertientes complementarias: lo pastoral (misa eucarística, sacramentos y confesiones) de parte de sacerdotes invitados; y el aspecto espiritual ecléctico, retomando prácticas de meditación, oración, yoga, cuenquería (uso de cuencos de cuarzo), entre otras actividades.

En este Centro penitenciario, el aspecto espiritual se maneja con una apertura controlada, es decir, aunque por cuestión de reglamento interior no se les permite rituales abiertos de ciertas creencias religiosas personales (por ejemplo de la Santa Muerte o culto a Satanás), se les respeta su convicción espiritual o religiosa (incluyendo aparte de aquellas, a la fé cristiana, católica, mormona, judía, etcétera); es decir, no se les obliga a cambiar de fé espiritual.

Los que apoyan a la Comunidad Terapéutica penitenciaria son, por ejemplo:

Yoga de la Risa (de la Universidad de Colima); Alcohólicos Anónimos; Violencia de Género (Secretaría de Salud; Unidades de Especialización Médica de Centros de Atención Primaria en Adicciones (UNEME CAPA), pertenecientes a la Secretaría de Salud; Centro de Capacitación para el Trabajo Industrial (CECATI) 34; y sesiones de ES.PE.RE. (Escuela del Perdón y Reconciliación). Así como la participación de trabajadores de este Centro Penitenciario (Psicología, Psicoterapia, Trabajo Social, Pedagogía, Criminología, Área de Servicios Médicos y de Enfermería), además del Área de Seguridad y Custodia.

En cuanto a los enfoques o técnicas psicoterapéuticos utilizados en la mayoría de las Comunidades Terapéuticas destacan la Logoterapia, la Terapia Gestalt, los Doce Pasos de Alcohólicos Anónimos y la Confrontación; y en el CERESO Manzanillo son casi las mismas que en el anterior Modelo de Desintoxicación, es decir, elementos de Terapia Gestalt, Cognitivo-conductual, Técnicas de Integración Cerebral (EMDR, Brainspotting, entre otras),

Logoterapia y Terapias energéticas (EFT, TFT, y otras).

Desde aquí, envío un reconocimiento a los profesionales que me han acompañado y hecho equipo en esos dos métodos o modelos de programas de Desintoxicación de Drogas, antes y ahora:

Psicoterapia: Ruth; Julisa; Óscar; María Luisa; Francisco Javier.

Psicología: Minerva; Gustavo; Andrea; Andrés; Monserrat; Benjamín; Paola;

entre otros.

Trabajo Social: Brenda; Laura; Mayra; Rosario; Emiliano; Aidé; Andrea;

Ángeles; Sonia; entre otras.

Pedagogía: Néstor; Angélica; Dagoberto.

Medicina: Rosa María; Aurelio; Rivalí; Aurelio; y otros.

Enfermería: Rosario; Brenda; Fernando; Julio.

Laboral/terapia ocupacional: Hugo; Rafael; Adriana; Felipe; Mauricio.

Criminología: Itzayana; Guadalupe.

Funcionarios: José Abel; Carlos Andrés; Luis Vicente; Guillermo; Alfonso; Walter; Teresa; Violeta; Esteban; Fidel; José Alfredo; Sonia Beatriz; y otros más.

5.8- EL FRASCO

Esto ocurrió al facilitar una sesión grupal dentro de un Programa de Desintoxicación de Drogas, en un salón de terapia de una prisión donde laboro.

1.-Llego con un frasco vacío, de aproximadamente 25 centímetros de altura por 10 cm de ancho. En ese lugar procedo a ponerle agua de un grifo de baño, hasta cubrir aproximadamente la mitad de su capacidad y lo cierro con su tapadera.

2.-Coloco entonces el frasco en medio del círculo de participantes que están sentados en un cojín.

3.-Le menciono al grupo que observen el frasco y digan lo que se les ocurra, de lo que se den cuenta, lo que observen, (lo que les haga figura y proyecten), levantando la mano para que participen de una manera ordenada.

En este punto es importante señalar que el facilitador moderará la retroalimentación con los participantes, sobre todo ejemplificando y solicitándoles:

"Hablar en primera persona, y no en segunda o tercera. También, que eviten hablar de sí mismo como "uno".

"Estar atentos a los "debeísmos", "acercadeísmos", etc.

"Especificar su lenguaje no específico. Metamodelando lo que dicen.

"Cuestionar sus suposiciones y afirmaciones, con preguntas como: ¿En qué te basas para...?, ¿Dónde aprendiste eso...?, ¿Quién te dijo que las cosas son así...?, ¿Cómo sabes que...?. ¿Para qué...?,

¿Y eso que señalas cómo se parece a tu cuerpo...?, ¿Sieso que dices lo aplicas a ti mismo qué sucede", entre otras que surjan.

*Referir la comparación de los aspectos de optimismo (el contenido en el frasco) y el pesimismo (la falta de contenido).

*Referir las perspectivas personales en que se mira el frasco (altura, lugar, calidad de visión, etc.) y comparar lo que dicen los demás participantes. Cada participante tiene un mapa del territorio.

*Conté el cuento de Jodorowsky de la pareja que mira a lados diferentes.

"Reflexionar sobre cómo y con qué llenar el frasco.

*Pregunté: ¿Alguien se bebería e! agua del frasco?, ¿Sabes qué tipo de agua es la que contiene el frasco?

*Conté el cuento del maestro oriental que derramó el agua o café en una taza.

"Reflexión de que hay que vaciarnos para poder recibir nuevas creencias, nuevos hábitos, nuevas ideas.

"¿Mezclar agua purificada con agua contaminada?

"Cuando se hicieron silencios en el grupo, los impulsé a seguir hablando diciéndoles: ¿Qué más? O incluso yo aportaba alguna observación del frasco, surgida del momento.

4.-Les pido que cada integrante del grupo coloque el frasco en su corazón y le transmita lo que considere negativo que hay en su vida, como por ejemplo: traumas, problemas, errores, conflictos, rencores, tristezas, daños recibidos, daños hechos, etcétera. Cada persona se tomará el tiempo necesario y rolará el frasco, hasta que lo hagan todos.

5.-Pregunto qué quieren que yo haga con esa agua que absorbió sus negatividades. Me responden que la tire. Entonces la tiro en el excusado y jalo la palanca.

6.-Seco el frasco. Les pido que escriban su nombre completo en un papelito y lo doblen o hagan bolita, para luego lo depositen en el frasco, que al final cierro con su tapadera.

7.-Procedo a reflexionar y a retroalimentarme con ellos lo que implica estar "enfrascado", en el sentido de que si no están liberados de sí mismos se encierran en posibilidades limitadas, sin ver más alternativas que están más allá de las dualidades me drogo/no me drogo, esto o lo otro, blanco o negro, etc. En un momento clave de esta reflexión abro el frasco y esparzo los papelitos de sus nombres, enfocándome en lo que significa abrirse a nuevas posibilidades, a las alternativas que tienen y ya no drogarse, que se den cuenta y las mencionen en este momento.

8.-Pongo agua en el frasco, aproximadamente la mitad de su capacidad, aunque esta vez es agua de garrafón.

9.-Esta vez, les pido que coloquen el frasco en su corazón y le transmitan algo positivo de su vida, como cualidades o habilidades de su persona, algo asociado a sus familiares apreciados, algo religioso que para ellos sea significativo, etc. Rolando el frasco en cada integrante del grupo.

10.-Luego, les pido que beban un trago de esa agua, organizándose para que los 20 integrantes alcancen un poco de agua.

11.-Cada persona retoma su papelito donde está escrito su nombre y menciona una palabra de cómo se siente en este momento, aquí y ahora.

12.-Levantados, en círculo, tomando la mano de los compañeros que están al lado, dejando que tomen nuestra palma de la mano izquierda y con nuestra mano derecha tomando la palma de la mano izquierda de quien está al lado derecho, cerramos los ojos, procedo a cerrar la sesión con una breve reflexión e integración de lo acontecido.

5.9- REEDUCANDO LA VIOLENCIA DE GÉNERO

Me he capacitado en esta temática durante varios años, en distintas etapas, como usuario y como profesional. Receptivo de la experiencia de los expertos Roberto Garda, Nancy Lau y Guillermo Ramírez Zavala, he llevado a la práctica el facilitar este tema como un tipo de Programa reeducativo con usuarios voluntarios.

Se pretende reeducar gradualmente a los interesados, mediante recursos como videos, técnicas grupales de reflexión sobre eventos de violencia ejercidos, responsabilidad de conductas en relación de pareja, entre otras actividades que se retroalimentan.

Lo que recibí de preparación.
Hubo trabajo reeducativo de experiencias personales como generadores de violencia en la pareja. Los asistentes a estas ca-

pacitaciones nos dimos cuenta que como "especialistas y estudiados" solemos no tener gran conciencia de nuestras acciones violentas, sea con la pareja o con otras personas, desde nuestra niñez hasta la adultez.

La importancia que veo en la temática de la violencia de género es que es un tema de brutal actualidad y con el cual me encuentro día a día en mi lugar de trabajo (una cárcel), contaminándome en ocasiones.

Roberto Garda, autor de más de 40 manuales, libros o artículos, afirma que preferentemente tienen que ser psicólogos los que faciliten los programas que ha creado.

Por otra parte, la intervención psicológica/psicoterapéutica estaría indicada fuera de este tipo de programas, canalizando o atendiendo a los usuarios pero no dentro de las sesiones de esos programas, sino en otro momento.

Los programas.

Los programas que ha elaborado Roberto Garda han ido evolucionando, actualmente son multidimensionales y multicomponentes, con atención psicoeducativa, con el fin de facilitar cambios culturales, en instituciones, con la pareja y consigo mismo, tomando en cuenta las áreas de: comunicación, historia de vida, cognitiva, cuerpo, emociones y conducta.

Los programas están diseñados para personas de 25 años de edad en adelante. Están estructurados para ser respetados tanto por facilitadores como por usuarios.

El facilitador tiene que aterrizar la experiencia del usuario en alguna de las 6 áreas señaladas, según el tema u objetivo de la sesión que se esté desarrollando.

Se toman en cuenta 6 áreas, con actividades respectivas para cada una: Pensamiento, Conductas, Cuerpo, Comunicación, Emociones e Historia de Vida.

Uno de los aspectos más importantes de este Programa es que se centra en el usuario, en su responsabilidad, en sus actitudes, en sus sentimientos y creencias, no en lo que su pareja le hizo, sino en lo que él le hizo o en lo que él hizo ante lo que le hicieron. Esto me recuerda cuando varias mujeres en cierto lugar se estuvieron quejando amargamente de abusos sexuales recibidos, entonces el terapeuta facilitó la terapia centrada en ellas, en su trauma, en su dolor, en su superación, no en el perpetrador.

Finalizo diciendo que hice trabajo personal (sobre violencia en mi historia de vida, ejercida y recibida) en este taller, y a la vez me sirve como preparación para una posterior facilitación de este tipo de Programas, de acuerdo a las directrices y tiempos que me marquen.

Lo que dice Roberto Garda.

Decidimos por nuestro género qué somos. El Género es una manera de vivir, no una simple formación o tema. Ser hombre o mujer sí influye, es distinto. Se interioriza y se reproduce. Es ausencia o presencia de conciencia.

El Género no busca la felicidad, busca valorar más la vida y hacer menos factible la violencia de género.

El Género es una trampa y nos lleva a conflictos.

No se trata de convencer a nadie, se le da la metodología y que él decida.

Los problemas que se abordan en estos programas son multidimensionales, no solamente psicológicos. Se da desde una perspectiva de autoconocimiento, con un marco teórico de género.

Los ciudadanos se polarizan entre poder y dolor, nosotros proponemos una tercera opción: el discurso de reflexión. La perspectiva de tomar en cuenta al usuario como ciudadano y no como paciente, implica que esto va más allá de la Psicología, porque influye también la Ley, los Derechos Humanos, lo social, la familia, las Instituciones, la cultura, los medios de comunicación, entre otros.

¿Qué tan equitativo eres? ¿Estás en una relación de pareja igualitaria o eres "gandalla"?

Se trata de no estereotipar el Género, así como tener un lenguaje no sexista, no machista.

La autonomía se gana con experiencias nuevas que desestructuren. Cambias desde adentro.

6.-NUEVAS REFLEXIONES, CASOS, POSTURAS Y FIGURAS

6.1 LENGUAJE CORPORAL Y ALGO MÁS EN CONSTELACIONES FAMILIARES

Algunos ya lo saben, otros no se dan cuenta de lo obvio. En Constelaciones Familiares es muy importante el lenguaje corporal de los representantes humanos. Como ya saben los conocedores, en el lenguaje corporal muchas veces no basta una sola postura o movimiento para determinar con exactitud lo que está sintiendo o pensando alguien. Sin embargo, se ha visto en Constelaciones que lo fenomenológico, el Alma Familiar y lo intuitivo nos guían a través de pocos movimientos o posturas para entender un fenómeno familiar y actuar en él como facilitador o como representante, para lo cual es muy importante ayudarnos con preguntas que se le harán al representante cuando nos parezca ambiguo el movimiento o postura.

Veamos algo de esto:

Manos: Si se empuñan, puede significar enojo. Pueden estar a la defensiva cuando aparecen tensas con la palma hacia atrás. ¿Están en postura de tomar a alguien? ¿Gestos agresivos o afectuosos de querer tocar o abrazar a un representante?

Mano derecha pesada o entumecida: «Asumo mi incapacidad para la pareja, o para el trabajo».

Mano izquierda pesada o entumecida: «Asumo mi incapacidad como madre o padre».

Mano rígida: «Yo mato. Estoy en mi derecho de matarte. Es mi deber matarte. Es lo natural matarte».

Puño cerrado, pulgar fuera: «Estoy muy enfadado. Mato. Me vengo, le vengo contigo».

Puño cerrado, pulgar preso de los demás dedos: «Me mato para no matar, me agredo para no agredir».

Pies: ¿Están enraizados o plantados débilmente?

Boca: Atentos a movimientos de la boca: muecas, apretarla, abrirla, sonreír de qué manera, otros gestos que pueden transmitir ironía, enfado, agresividad, alegría.

Expresión facial: ¿Qué actitud o sentimiento pudiera estar expresando en su cara?

Ojos: ¿Están llorosos, abiertos, cerrados, mirada de odio, proyectan alegría? ¿Hacia dónde se dirige la mirada? Los ojos abiertos están en el adulto, en el aquí y ahora, con sentimientos primarios. Los ojos cerrados o llorando evaden, están en el pasado, con sentimientos secundarios. Cuando un representante cierra los ojos puede estar evadiendo, por lo que se le pregunta si quiere continuar o no como representante.

Mirada hacia abajo: mira a un posible muerto o aborto.

Mirada desenfocada hacia el horizonte del sistema familiar: Quizá mira a alguien que acaba de morir o que se fue.

Mirada hacia un espacio vacío: Posiblemente mira hacia un excluido del sistema.

Ceño fruncido: Posible molestia ante algo o alguien, aunque también puede ser que esté concentrado o pensativo.

Lo paraverbal de la voz: La modulación de la voz, la secuencia, el ritmo y la cadencia de las palabras.

Postura del cuerpo hacia otro representante: cómoda/incómoda, débil/fuerte, con dolor/ligera, con energía/sin energía, con calor/ frío, relajada/rígida, de perfil, de espaldas, ¿qué aparenta: miedo, ataque, asco, alegría, sorpresa, sufrimiento, enojo?

Movimientos del cuerpo: La parte del cuerpo que más nos orienta hacia dónde se mueve el cuerpo es la parte ventral (el torso), como bien lo explica el experto en lenguaje corporal Joe Navarro, y también Ricardo Eiriz cuando explica en un test de verificación muscular a través de movimientos del torso para conocer nuestras respuestas de sí/no en el Método INTEGRA.

Tumbarse: Quizá acercarse a un muerto, arrepentirse de algo o ante alguien.

Alejarse: Posible conflicto con la persona de quien se aleja. ¿Rechazo o huida?

Acercarse: Posible afinidad o amor hacia quien se acerca.

Inmóvil o bloqueado: Posible conflicto que le bloquea su movimiento ¿El representante ya no quiere participar en la constelación o es algo o alguien más que lo pone así?.

Balancearse: Esperar minutos (no segundos) para clarificar hacia dónde tiende el balanceo, si es hacia delante quizá sea un impulso de ir hacia algo o alguien; si es hacia atrás, quizá tenga miedo o rechazo de algo o alguien.

Brusquedad: Los movimientos bruscos son más actuados y de impulsos propios del representante, no provenientes del campo morfogenéticos del Alma Familiar, por lo que son poco útiles, hay que revisar a ese representante si puede o no continuar.

Lentitud: Los movimientos receptores del espíritu del Alma Familiar suelen ser lentos y a veces tardan en manifestarse.

Inclinación hacia algo o alguien: Total o Parcial, en este último caso se le puede apoyar a que facilite este movimeinto.

Gestos facilitados: El conselador, en momentos claves de la Constelación, puede orientar a un representante a realizar gestos de honrar o de abrazar a otro representante.

Lateralidades corporales: Considero importante tener conocimientos de los significados de las lateralidades derecha e izquierda, y lo que simboliza en cuanto a órganos, parentalidades, temporalidades y otros significados.

Percepciones corporales extra-ordinarias: Hay consteladores quienes tienen una percepción corporal más desarrollada que otros, lo que les proporciona una información privilegiada, Por ejemplo; Marta Albaladejo nos menciona que: «En una formación con Bert y Sophie Hellinger, Sophie, la segunda mujer de Bert Hellinger, estaba iniciando una constelación, y dijo que había «visto» dos bolas de fuego, cuando había visto la clienta, y que las había notado en las piernas. Bert explicó que Sophie tiene mucha percepción corporal, y que él, en cambio, percibía prioritariamente palabras y frases».

Importante enfatizar que esta guía es relativa, no se puede generalizar a todas las constelaciones. Solamente es una guía de lo que se ha visto en algunas constelaciones, con información recogida de experiencias del autor de este libro, así como de webs/diplomado/libros de: Isabel Morillo; Marta Albaladejo; Jordi Gil; Ingala Robl; Mariano Bustamante; Brigitte Champetier; Bert Hellinger; entre otros y otras.

Aunque una constelación es única, con su propio contexto y relaciones únicas entre sus representantes; te conviene profundizar en el lenguaje corporal, leyendo y aprendiendo lo que han descubierto los expertos como Paul Ekman («Cómo detectar mentiras», y «Emociones expresadas»), Joe Navarro («El Cuerpo Habla», y «Diccionario de Lenguaje No Verbal»), Allan Pease («El lenguaje del cuerpo»), entre otros, y desarrollar mucho tu capacidad de observación, recuerda que los gigantes de la psicoterapia/hipnoterapia/Constelaciones han sido grandes observadores, acuérdate de Bert Hellinger. Milton Erickson, Fritz Perls, etcétera. Brigitte Champetier aborda varios significados para órganos y partes corporales, esto en su libro «Constelar la Enfermedad», obra muy recomendable.

Y también, para poder estar más preparado para facilitar una Constelación o Movimientos del Alma, hay que estar preparado energéticamente. Menciona Beverly Rupa Rodríguez: «En este desarrollo en un principio Constelaciones funcionaba con representantes que sabían a quién representaban y se podía hablar y compartir todo lo que estaba pasando. Ahora el trabajo es muchísimo más sutil porque lo que nos interesa es el campo de información y no la persona determinada, y en el campo de información entra un lenguaje no verbal, un lenguaje energético de cómo se mueve la energía en este campo, y en cierta manera esto genera un campo espiritual en torno a las constelaciones familiares porque estamos mirando a aquello que va más allá de la persona. Es algo complicado de explicar. Constelaciones Familiares o Hellinger Science, como lo llamamos actualmente, es un trabajo que uno sólo lo puede comprender cuando lo ve. Es algo tan de la presencia y de la percepción que transmitirlo a través de palabras a alguien que no lo ha experimentado es muy difícil». En una ocasión, una mujer sensitiva observó a una persona que tenía «humo gris» y otra que tenía «humo negro» encima de su cabeza, lo cual interfería en la sanación reiki que estaba intentando facilitarles, resultó que la fe de estas dos personas en la Santa Muerte les interfería (el del humo gris, además de la Santa Muerte también tenía fe en Jesucristo), por lo que dentro de su fe tuvieron que hacer ajustes dentro de su creencia a esa entidad, y con eso se pudo continuar con la sanación energética reiki.

6.2 BREVIARIO DE 25 CASOS
TERAPÉUTICOS INÉDITOS

Los siguientes casos los experimenté en los últimos 4 meses de 2019:

1.-CONFIGURACIONES EN PARED Y MÁS LUGARES.

En un caso, una persona espontáneamente se giró hacia la pared, la cual estaba a unos 15 centímetros de él, y me señaló que sus padres estaban arriba de él, por lo que aproveché para darle unas hojitas post-it que pegaba y despegaba de la pared mientras prosiguió en ese espacio la configuración familiar. Esto me hace reflexionar que podemos aprovechar, aparte de la mesa o escritorio tradicional, casi cualquier espacio para desarrollar una constelación o configuración familiar: un pizarrón, el piso, una Caja de arena Sand Play, espacio de fomi, una caja de cartón, un tablero, entre otros materiales que se nos ocurra a nosotros o al consultante.

2.-FIGURAS EN SENTIDO CONTRARIO.

Un adulto se molesta cuando en el segundo movimiento que realiza le pregunto que observe las dos figuras de madera colocadas por él (que representaban a su esposa y a él y las había colocado juntas, aunque en sentido vertical contrario), reaccionando molesto que él nomás estaba haciendo lo que yo le decía y que eso no significaba nada para él. Minutos más adelante, acepta que tiene fuertes problemas con su esposa porque le descubrió infidelidades sexuales. Se trabaja sobre ello.

Nota: las figuras trabajadas son del tipo que usa Tivisay Guerrero en su técnica ‹*Familia Interna*'.

3.-TEST DE VERIFICACIÓN MUSCULAR PARA PRIORIZAR 7 CONFLICTOS.

Un consultante plantea querer saber a cuáles de los 7 problemas poner más atención. Los plantea y le sugiero que responda su inconsciente a través de su respuesta muscular. Usamos el *Test del Balanceo*, descrito por Ricardo Eiriz en su Método INTEGRA. Una vez calibradas sus respuestas para ‹sí' y ‹no'. Para calibrar su respuesta de ‹no' le pedí que acercara un sobre de azúcar a su estómago. De esa manera, resultó que había 3 temas prioritarios para él. Después, sobre esos 3 conflictos se hicieron preguntas a su inconsciente. Se hizo retroalimentación y asumió algunas decisiones y compromisos.

4.-EL CORAZÓN.

*»*Sorprendentemente, el corazón envía más señales al cerebro que las que el cerebro envía al corazón; generando un campo electromagnético 5 mil veces más poderoso que el del cerebro, penetra en todas las células y puede ser detectado a 3 metros de distancia con magnetómetros sensibles"*.

Karl Dawson

*En una cadena de energía, dijo mi esposa Brenda Mora: «Imagínense que de su corazón sale un rayo o una energía y lo dirigen hacia esa persona querida...».

*La meditación Gassho del Reiki con las manos en el corazón es una postura muy parecida a la que usa Silvia Hartmann al inicio y final del *Emotrance*.

*Cuando nació mi hijo Maximiliano lo tenían en una incubadora los primeros días, porque nació a los 8 meses de gestación. Según una enfermera y la médico que estaban ahí, no querían que yo lo tocara porque no tendría ningún efecto, lo consideraban un acto inútil y pérdida de tiempo. Insistí, y me perimitieron un minuto, lo primero que hice fue tocarle el corazón con todo mi amor, en ese instante empezó a llorar de una manera que «recibió mi amor», la enfermera y la médico se sorprendieron pero intentaron disimular (habían quedado en vergüenza).

5.-EL PERPETRADOR SE DISCULPA.

Un hombre que asesinó a su esposa, varios años después se sintió preparado para ofrecer una disculpa -hincado- a su esposa fallecida. Era la culminación de un diálogo imaginario. Al final de la sesión, aceptó darse un autoabrazo, con la barbilla tocando su corazón.

6.-GLOBO DE CANTOYA.

Me he dado cuenta que cuando a fin de cada año mi familia y yo elevamos globos de Cantoya, es muy importante hacerlo de una manera concentrada, entre todos como equipo, de otra manera se queman y quedan en el suelo. Cuando logran elevarse es como si se elevaran nuestras plegarias familiares, nuestros anhelos.

7.-OBESIDAD, BULLYING Y SOLEDAD.

Consultante adolescente que acepta el abordaje terapéutico.

Elige un monito de la serie Toy Story llamado «Cara de Papa» (versión niño), mientras se le va pidiendo que le vaya quitando piezas (casco, extremidades inferiores, entre otras) se le van haciendo preguntas a su máscara social, a su imagen exterior e interior, a que diga lo que a nadie le ha dicho.

Los traumas respecto a Bullying y un primer noviazgo fallido se trabajan con estimulaciones bilaterales y submodalidades PNL. También, mientras está en trance hace compromisos para relacionarse mejor con sus padres.

Realiza con la mano izquierda dibujo de un árbol. Aquí destaco lo importante que es sacar la Edad de Eventos Traumáticos que recomienda Wittgenstein con su índice. Las sesiones continuarán.

8.-ADOLESCENTE REBELDE.

Adolescente de 11 años de edad, con antecedentes de comportarse renuente con varios psicólogos y psicólogas.

Primera sesión. me calibro con test muscular, y al testear sobre el consultante la señal es fuerte, es decir, lo interpreto que es una señal favorable para lo que sucederá en esta sesión.

Recibo al adoelscente, usando rapport verbal y no verbal, con reflejo directo y cruzado, además de imitar su respiración (la noto en los hombros). Resulta que está en duelo por fallecimiento de su abuelo desde hace un año, lo que le llevó a tener aparentes ideas suicidas, según sus familiares, aunque él aclara que no fue así.

Se facilita diálogo con silla vacía que representa a su abuelo fallecido, catalizando con golpes bilaterales, según sugiere el IADC del Dr. Botkin. Al retroalimentar lo dialogado, resaltan dos frases que le dijo su abuelo, por lo que se trabajan en instalar estas frases usando tapping de los puntos energéticos usados en EFT. De hecho, lo hizo imaginando que el abuelo le decía las frases -una ronda por frase-), durante el tapping se dió cuenta que en doss ocasiones le hizo figura un accidente ocurrido hace años, el cual se trabajó con Estimulaciones Bilaterales, Psicomagia visualizada y Submodalidades PNL Las sesiones continuarán.

9.-DESCARGANDO EL ESTRÉS O LA IRA

*Recostado con manos en el suelo, golpear el suelo alternadamente con los «puntos karate» o con las palmas de cada mano, abiertas o empuñadas estas.

*Pies descalzos en el suelo y manos en pared, golpear la pared alternadamente con los «puntos karate» o con las palmas de cada mano, abiertas o empuñadas estas.

*Visualizar árbol joven (un pino, preferentemente) y pidiéndole permiso descargar el estrés en él, para luego recargar energía positiva de él. Es decir, con el permiso de ese árbol, se haría un intercambio de energía.

*A veces es necesario que la persona grite su enojo o su tristeza, incluyendo insultos si lo considera necesario. Hay quienes hasta sacan vómitos, saliva, lágrimas, sudor, guacos, etcétera.

*Hay personas privadas legalmente de su libertad que hacen lo que ellos llaman «sombras», o boxeo con alguien imaginario.

10.-EL CONDUCTOR DEL COCHE TERAPÉUTICO

Para trabajar el manejo de un evento traumático que le causa tristeza (torturas recibidas de las que prefiere no contar detalles), elige hacerlo sentado como piloto en un coche imaginario.

Imagina un limpiaparabrisas azul en el coche, le agrega una persona copiloto que le da seguridad y confianza.

Aparte del coche, visualiza los movimientos de mis dedos como si fuera otro limpiaparabrisas frente a su cara.

Califica intensidad de la tristeza y dónde la siente (califica 8 y siente la tristeza en el pecho).

Coloca imágenes tristes en el parabrisas, y con el limpiaparabrisas las va borrando, transformándolas en blanco y negro, pequeñas y lejanas, dejándolas a varios kilómetros.

El nivel de tristeza bajó a cero, sintió un vacío allí y lo llenó con personas queridas y detalles.

Se instala su nueva creencia con postura anclaje de Cook y luego con el mudra hakini. (ver esta técnica en mi libro «*Técnicas Energéticas y de Integración Cerebral*» 2ª. edición).

11.-EL CLAUSTROFÓBICO.

El consultante recuerda que a la edad de 3 años estaba ansioso y con miedo a la oscuridad en su habitación, por lo que camina un pasillo y toca la puerta del cuarto de sus padres. Le abren pero lo regañan severamente, él se frustra, reconoce que le afectó más la frustración que la ansiedad o que el miedo. A partir de entonces desarrolla fobia a estar en lugares cerrados y oscuros.

En la pared del cubículo donde se realizó la sesión, busca una zona donde conecte con el evento traumático señalado al inicio. Una vez localizado, realiza Abrazo mariposa varias veces.

Luego, visualiza la mano de madre en hombro izquierdo, además de su abuela atrás de su madre, esto le proporciona seguridad.

Vuelve a realizar Abrazo mariposa varias veces.

(Brainspotting) Busca un punto o zona en pared para conectar con su madre. Una vez que lo consigue, dialoga con ella mirando ese punto localizado.

Cuando hace un chequeo corporal, expresa tener dolor de cabeza residual que se elimina con Técnica PET Borrado del dolor (ver esta técnica en mi libro «*Técnicas Energéticas y de Integración Cerebral*» *2ª. edición*).

Al final termina cansado y cerramos la sesión, y antes se relaja con Abrazo mariposa y trayectos de vista vertical al centro de su panorámica.

12.-EL DISCURSO DE STEVE JOBS EN LA UNIVERSIDAD DE STANFORD.

«Hoy quiero contarles tres historias de mi vida, eso es todo, no gran cosa, sólo tres historias.

La primera historia es sobre conectar los puntos. Me retiré a la universidad de Reed después de los primeros seis meses pero estuve yendo de modo intermitente por otros 18 meses o más antes de retirarme de verdad y entonces el por qué me retiré comenzó antes de que yo naciera. Mi madre biológica era una joven soltera graduada universitaria y decidió darme en adopción. Ella creía firmemente que debía ser adoptado por graduados universitarios, así que todo estaba arreglado para que al nacer fuera adoptado por un abogado y su esposa, excepto que cuando aparecí, ellos decidieron en el último minuto que en realidad deseaban una niña, entonces mis padres que estaban en lista de espera recibieron una llamada en medio de la noche preguntándoles: tenemos un bebé varón no deseado ¿lo quieren? ellos dijeron: por supuesto. Mi madre biológica luego se enteró que mi madre nunca se había graduado de la universidad y que mi padre nunca se había graduado de la enseñanza media, así que se negó a firmar los papeles de adopción definitivos, sólo cambió de parecer unos meses más tarde cuando mis padres prometieron que yo iría a la universidad. Ese fue el inicio de mi vida y 17 años más tarde fui a la universidad, sin embargo, ingenuamente elegí una universidad casi tan cara como Stanford y todos los ahorros de mis padres de clase obrera fueron gastados en mi matrícula. Después de seis meses no podía haber valor en ello, no tenía idea de qué hacer con mi vida y no tenía idea de cómo la universidad me podía ayudar a reducirla, y aquí estaba yo gastando todo el dinero que mis padres habían ahorrado durante toda su vida. Así que decidí retirarme en confiar en que todo iba a resultar bien. Fue bastante aterrador en ese momento pero, mirando hacia atrás fue una de las mejores decisiones que he tomado.Apenas me retiré puedo dejar de asistir a las clases obligatorias que no me interesaban y comencé a asistir a las clases que me parecían más interesantes. No todo fue romántico, porque no tenía dormitorios y dormía en el piso de los dormitorios de amigos. Retornaba las botellas de soda por los cinco centavos de depósito para comprar comida y caminaba siete millas cruzando la ciudad todos los domingos de la noche para conseguir una buena comida a la semana en el templo Hare Krishna, me encantaba, y mucho con lo que me tropecé siguiendo mi curiosidad e intuición resultaron ser invaluables posteriormente. Déjenme darles un ejemplo, la universidad de Reed en este tiempo ofrecía quizás la mejor instrucción en caligrafía del país a través del campus. Todos los afiches, todas las etiquetas de cada casillero estaban bellamente escritos en caligrafía a mano. Debido a que me había retirado y no tenía que asistir a las clases normales decidí tomar una clase de caligrafía para aprender cómo hacer eso. Aprendí los tipos de letra seris y sanserif de la variación de la cantidad de espacio entre las distintas combinaciones de letras de lo que hace que la gran tipografía sea grande, era hermoso, histórico que artísticamente es útil de una manera en que la ciencia no logra capturar y lo encontré fascinante. Nada de esto tenía incluso una esperanza de aplicación práctica en mi vida pero, diez años después cuando estábamos diseñando la primera computadora macintosh y todo volvió a mí y lo diseñamos todo en la mano pues la primera computadora con una bella tipografía si nunca hubiera asistido a ese único curso en la universidad la mac nunca habría tenido múltiples tipos de letras o fuentes proporcionalmente espaciadas y puesto que Windows solo copio la manga es probable que ninguna computadora personal las tendría si nunca me hubiera retirado y nunca hubiera asistido a esa clase de caligrafía y las computadoras personales podrían no tener la maravillosa tipografía que tiene. Por supuesto, era imposible conectar los puntos mirando hacia el futuro cuando estaba en la universidad, sin embargo, fue muy claro mirando hacia el pasado diez años. Después, reitero, no pueden conectar los puntos mirando hacia el futuro y solamente pueden hacerlo mirando hacia el pasado, por lo que tienen que confiar que los puntos de alguna forma se conectarán en su futuro. Era confiar en algo, su instinto, investigamos la vida, el karma, lo que sea, es que creyendo que los puntos se conectarán en el camino te dará la confianza de seguir tu corazón, incluso cuando te lleven fuera del camino conocido y que eso hará toda la diferencia.

Mi segunda historia es sobre el amor y la pérdida.

Fue afortunado descubrir lo que amaba temprano en la vida. Woz y yo comenzamos a apoyarnos, cuando tenía 20 años trabajamos duro y en 10 años desarrollamos en un garaje una compañía de 2000 millones de dólares con más de 4 mil empleados, habíamos presentado nuestra más grandiosa creación la macintosh un año antes y yo recién había cumplido 30 y entonces me despidieron.

Cómo te pueden despedir de una compañía que comenzaste bien. Debido al crecimiento de Apple contratamos a alguien que pensé que era muy talentoso para dirigir la compañía conmigo y por el primer año o más las cosas marcharon bien pero, luego nuestras visiones del futuro empezaron a desviarse y eventualmente teníamos disgustos cuando lo hacíamos la junta directiva lo respaldó a él, de modo que a los 30 años estaba afuera y muy públicamente afuera, aquello que había sido el centro de toda mi vida adulta se había ido y fue devastador realmente, no supe qué hacer durante algunos meses y sentía que había decepcionado a la generación anterior de empresarios que había dejado caer la batuta. Cuando me lo estaban pasando me reuní con david packard e intenté disculparme por haberlo echado a perder tan mal, fue un absoluto fracaso público, incluso pensaba alejarme del baile, no obstante lentamente comencé a entender algo, yo todavía amaba lo que hacía, el giro de acontecimientos no había cambiado eso ni un poco, había sido rechazado pero seguía enamorado y entonces decidí comenzar de nuevo en ese entonces, no lo entendí pero resultó que ser despedido de Apple fue lo mejor que podía haberme pasado, la pesadez de ser exitoso fue reemplazada por la liviandad de ser principiante otra vez. Menos seguro de todo me liberó para entrar en una de las etapas más creativas de mi vida. Durante los siguientes cinco años comencé una compañía llamada Next, otra compañía llamada Pixar y me enamoré de una asombrosa mujer que se convertiría en mi esposa. Pixar continuo para crear la primer película en el mundo animada por computadora Toy Story y ahora es el estudio de animación más exitoso a nivel mundial. En un notable giro de los hechos Apple compró Next, regresé a Apple y la tecnología que desarrollamos en next está en el corazón del actual renacimiento de Apple y con lorin tenemos una maravillosa familia.

Estoy muy seguro de que nada de esto habría sucedido si no hubiese sido despedido de Apple. Fue una amarga medicina pero supongo que el paciente la necesitaba. Si en ocasiones la vida te golpea con un ladrillo en la cabeza no pierdan la fe. Estoy convencido que lo único que me permitió seguir fue que yo amaba lo que hacía y tienen que encontrar eso que aman y eso es tan valioso para su trabajo como lo es para sus aficiones, su trabajo llenará gran parte de sus vidas y la única manera de sentirse realmente satisfecho es hacer aquello que creen que es un gran trabajo y la única forma de hacer un gran trabajo es amando lo que hacen. Si aún no lo han encontrado sigan buscando, no se conformen, al igual que con los asuntos del corazón sabrán cuando lo encuentren, como cualquier relación importante, mejora poco a poco con el paso de los años, así que sigan buscando, no se conformen.

Mi tercera historia es sobre la muerte.

Cuando tenía 17 años leí una cita que decía algo como: escribir es cada día como si fuera el último. Seguramente algún día estarás en lo correcto. Y eso dejó una marca en mí y desde entonces durante los últimos 33 años me miro al espejo todas las mañanas y me pregunto si hoy fuera el último día de mi vida ¿querría hacer lo que estoy a punto de hacer hoy? y cada vez la respuesta ha sido no, por varios días seguidos, sé que necesito cambiar algo y recordar que moriré pronto es la herramienta más importante que he encontrado para ayudarme a decidir las grandes selecciones en mi vida y porque casi todo todas las expectativas externas, todo el orgullo, todo el temor a la vergüenza o el fracaso, todo eso desaparece ante el rostro de la muerte, quedando solamente lo que es realmente importante recordar, que van a morir es la mejor manera que conozco para evitar la trampa de pensar que tienen algo que perder, ya están desnudos, no hay ninguna razón para no seguir a su corazón. Cerca de un año atrás fui diagnosticado con cáncer e hicieron un escáner a las 7:30 de la mañana y claramente mostraba un tumor en el páncreas, yo ni siquiera sabía lo que era el cáncer, los doctores me dijeron que era muy probable que fuera un tipo de cáncer incurable y que mi esperanza de vida no superaría de 3 a 6 meses. Mi doctor me aconsejó irme a casa y arreglar mis asuntos, que es el código médico para prepararte para morir. Significa tener que decirle a tus hijos todo lo que pensabas decirles en los próximos 10 años, y unos pocos meses significa asegurarte que todo esté finalizado, de modo que sea lo más sencillo posible para tu familia. Significa decir adiós y con este diagnóstico luego de esa tarde me hicieron una biopsia en que introdujeron un endoscopio por mi garganta a través del estómago y mis intestinos, pincharon con una aguja mi páncreas y me extrajeron unas pocas células del tumor, estaba sedado pero mi esposa que estaba allí me comentó que cuando examinaron las células en el microscopio los médicos comenzaron a llorar porque descubrieron que era una forma muy rara de cáncer pancreático, curable con cirugía y agradecidamente ahora estoy bien, esto fue lo más cerca que he estado de la muerte y espero que sea lo más cercano por unas cuantas décadas más, habiendo vivido eso ahora puedo contárselos con un poco más de certeza que cuando la muerte era puramente un concepto útil pero intelectual, nadie quiere morir, incluso la gente que quiere ir al cielo no quiere morir, para llegar allá sin embargo, la muerte es el destino del que todos los compañeros nadie ha escapado de ella. Cómo debe servir porque la muerte es probablemente la mejor invención de la vida y cambia a la gente en su vida y elimina todo lo viejo para dejar paso a lo nuevo. Ahora mismo lo nuevo son ustedes pero, algún día no muy lejano, gradualmente ustedes serán lo viejo y serán eliminados, lamento ser tan dramático pero es muy cierto, su tiempo tiene límite, así que no lo desperdicien viviendo la vida de alguien más, no se dejen atrapar por dogmas que es vivir con los resultados de pensamientos de otras personas, no permitan que el ruido de las opiniones ajenas silencie su propia voz interior, lo más importante: tengan el valor de seguir su corazón e intuición desde alguna manera, ya saben lo que realmente quieren llegar a ser pero, todo lo demás es secundario. Cuando era joven había una asombrosa publicación llamada the whole earth garland, era una de las biblias de mi generación, fue creada por un tipo llamado Stuart Brand no muy lejos de aquí en Europa y la trajo a la vida con su toque pues fue a finales de los 60 antes de la edición por computadora, por lo que toda estaba hecha usando máquinas de escribir, tijeras y cámaras polaroid, es un tipo de google el formato económico 35 años antes de que aparecieran google, ingerencia lista y rebosante de herramientas claras y grandes conceptos stuart y su equipo publicaron varias ediciones de the whole earth catalog y luego cuando había seguido su curso publicaron la última edición de sí a mediados de los 70 y yo tenía la edad de ustedes en la tapa trasera de la última edición, había una fotografía de una carretera en el campo temprano en la mañana el tipo que estaba haciendo una parada y era aventurero, primero estaban las palabras manténganse hambrientos, manténganse alocados, igual mensaje de despedida con el que firmarlos manténganse hambrientos, manténganse alocados, y siempre he deseado eso para mí, y ahora cuando se gradúan para empezar de nuevo les deseo eso a ustedes: manténganse hambrientos, manténganse alocados, muchas gracias a todos.

13.-RESPIRACIÓN ESPECIAL

Respira desde el diafragma, ese músculo que está al final de las costillas, en donde empieza tu abdomen..

Visualiza que la energía sube por tu columna vertebral mientras inhalas aire, sale por la coronilla de tu cabeza y viaja por el universo hasta llegar a La Fuente. Luego, esa energía baja por el mismo canal (mientras se exhala por la nariz) hasta llegar al corazón.

Detalles: Mano izquierda en el plexo solar (cuando inhala) y luego al final la coloca en el corazón. La mano derecha puede estar en la nariz al respirar con pranayamas.

14.-CAMBIAR EL LUGAR DE ATENCIÓN TERAPÉUTICA

Esto cambia la perspectiva y altera la rutina de las anteriores sesiones. Surgen creatividad, nuevos darse cuenta. Yo lo percibí en el patio de mi casa, empecé a ver desde otra perspectiva mis problemas y conflictos.

También, cuando atendí a los consultantes en diferentes posiciones en mi cubículo, o en otro cubículo, las sesiones fueron mejores, rompiendo la rutina.

15.-EQUILIBRAR FUERZAS ¿Y TU SOMBRA BLANCA?

Una persona privada de su libertad (así se le llama actualmente a los presos) me presumía que tenía de cabecera un libro, por cierto, una obra sobre detectar egos, entonces le pregunté ¿y cuál libro tienes para detectar y practicar tus virtudes? Le estaba diciendo que no solamente hay que trabajar nuestra sombra negra, también es importante la sombra blanca de nuestras virtudes escondidas.

16.-AUTOABRAZO

El autoabrazo, realizado desde el fondo del corazón, lo facilito en ocasiones cuando la persona se autoperdona. Esta postura puede combinarse con los pies cruzados, también estando hincado con la barbilla tocando el corazón.

17.-CLAVE SOL

La Clave SOL permite encontrar alternativas de solución a un problema que se padezca. La persona tiene que estar en el presente, en el aquí y ahora, cuando se evalúe ella misma. De preferencia se tiene que relajar y/o meditar, para entonces aplicar esta Clave, que se desglosa de la siguiente manera:

S ujeto (uno mismo ¿y quién más?). Quién soy en este momento. Apoyarse de la respiración y de la autoconciencia recorriendo lentamente su cuerpo desde los pies hasta la cabeza, con la mirada, con la imaginación o visualizando que un sol lo va recorriendo e iluminando con lentitud en esa trayectoria.

O bjetivo del problema y objetos incluidos en el mismo. ¿Qué gano y qué pierdo con este problema? ¿qué tanto puedo intervenir realmente y qué tanto me compete ese problema solucionarlo yo?

L ugar, aquí y ahora, no ayer ni entonces. En esta circunstancia, entorno, clima, condición legal, reglas imperantes.

Entonces encontrar alternativas de solución.

En caso de sentirse bloqueado, recurrir a la respiración pranayama, recorrido del cuerpo para detectar síntomas en partes corporales y/o al tapping en el Punto energético ‹K' o Punto Kárate) durante unos 3 ó 4 minutos.

Esto se puede facilitar a una persona en lo individual, o a un grupo, ambas posibilidades las he facilitado yo. Y para mí mismo, también.

18.-HABLA UN MUERTO

Esta técnica la apliqué en un grupo penitenciario, en fechas cercana al día de muertos.

1.-Los participantes con ojos cerrados y brazos cruzados en el pecho escuchan al facilitador que les narra que han muerto, cada quien verá su propia muerte en su imaginación.

2.-Un participante se coloca una máscara de calavera en la cara y empieza a narrar su muerte, entonces el facilitador le empieza a preguntar sobre su vida, sus errores, los pendientes que dejó con su familia y pareja, que acciones o cambios haría si siguiera con vida.

3.-Que sus compañeros le expresen lo que le hubieran dicho en su tumba.

4.-Que participe alguien más de los presentes colocándose la máscara y hablando.

5.-Retroalimentación de lo sucedido en la sesión.

19.-EXPERIMENTO ENCUBIERTO

Ante un adulto que estaba suponiendo demasiado, se me ocurrió hacer unos trucos de magia en los cuales la otra persona supone donde está un objeto y luego se da cuenta que no es así, que su percepción falló.

Tomo una moneda y la muevo entre mis dos manos, de tal manera que él no sepa dónde la coloco, siendo las opciones mi mano derecha, mi mano izquierda y un cajón de mi escritorio. Me cercioro de que no acierte, para que se de cuenta que suponer le puede llevar a errar en su percepción.

Le pregunto en cada ocasión ¿dónde supones que está el objeto, en cuál de mi mano?

Después de 5 intentos, donde no acertó ninguna vez, no le doy explicaciones racionales y continúo con la sesión, ¿para qué? para que su inconsciente descifre la conclusión.

20.-LINAJE FEMENINO DE UN HOMICIDA Y FARMACODEPENDIENTE

Durante la actividad psicológica de las configuraciones familiares, comenta que las personas importantes en su vida han sido mujeres (madre, abuela y hermanas), omitiendo las figuras masculinas.

De acuerdo a lo trabajado en esta sesión, se da cuenta de la importancia de integrar a las figuras masculinas en su corazón y mente.

Metáfora de ave que necesita dos alas para poder volar, izquierda-femenina y derecha-masculina.

Interpretación: El linaje masculino ausente lo ha querido sustituir por la droga. En parte, asesina a hombres por el resentimiento que aún siente por su padre.

21.-CERRAR LA GESTALT

Cuando una persona pretende cerrar un ciclo, asunto inconcluso, perdonar u ofrecer disculpas, es muy importante detectar si lo está solicitando o haciendo como niño o como adulto.

Como niño:

-Suele cerrar los ojos.

-Pide las disculpas, no las ofrece.

-Pide que lo perdonen, como el niño que le pide a los padres.

-Una o más incongruencias entre corazón, mente y cuerpo.

-Para perdonar u ofrecer disculpas pone condiciones u ofende.

-Se mantiene estancado en el pasado, parcial o totalmente.

-Le falta trabajar más en terapia o en lo espiritual el trauma o conflicto.

Como adulto:

-Tener los ojos abiertos.

-Ofrece disculpas.

-Perdona sin condiciones, se siente liberado.

-Hay congruencia de corazón, mente y cuerpo.

-Puede haber humor, reparación, nuevas metas.

-Ha resignificado lo que ocurrió, en el daño que le hicieron o en el daño que causó.

22.--CONEXIÓN A TIERRA

Transcripción del video «Conexión a Tierra»:

Yo soy Frank Suárez, Especialista en Obesidad y Metabolismo y hoy quiero explicarte sobre el tema de conexión a tierra. El tema de cómo utilizar el potencial eléctrico que tiene la tierra, el planeta tierra, la grama, la arena, el piso que pises para mejorar la salud. Básicamente hay unos descubrimientos que se han hecho en este tema, inicialmente cuando se empezó a hablar de este tema, conexión a tierra, en inglés se llama grounding o earthing, se lo halla allá en míster Google, le pregunta a míster Google que se las sabe todas, pues te va a salir bastante sobre grounding o earthing. Por muchos años esto se consideraba una cosa así, inverosímil, esloquillada, que no tenía ninguna base en ciencia, pero ¿Qué pasa?, han salido estudios clínicos, estudios clínicos hechos por algunas de las mejores universidades que demuestran que efectivamente hay unos cambios en la inflamación, en la viscosidad de la sangre, en la fisiología del cuerpo cuando una persona hace conexión a tierra con su cuerpo. Voy a explicártelo en un momentito, fíjate. Yo no quise ni hablar del tema en MetabolismoTV, hasta que no hubieran estudios clínicos que lo comprobaran, pero efectivamente ya hay múltiples estudios clínicos que demuestran que el grounding o la conexión a tierra, definitivamente es algo beneficioso para la salud. Fíjate que el ser humano, el ser humano pues tiene un cuerpo que antes de que inventaran los zapatos, no había nada de eso, siempre estaban tocando la tierra.

La tierra, el planeta Tierra, está demostrado por los físicos, que la tierra tiene una carga negativa en la superficie; hacia el centro de la tierra la carga es positiva, como si fuera una batería. El cuerpo tiene su propia carga eléctrica, que con eso es que camina el corazón y demás, porque de la misma forma que hacen un electro cardiograma, para medirte las corrientes eléctricas que produce tu cerebro, el corazón y demás, pues el cuerpo depende de producción eléctrica, de hecho cuando tu miras una célula, la célula tiene su mitocondria, hay ahí la combustión, es ahí que ocurre el metabolismo y esto tiene un ciclo que se llama el ciclo Krebs, que es un ciclo químico que pasa dentro de las células para crear energía. El ciclo Krebs conduce a lo que llaman la cadena de electrones; o sea que lo que pasa dentro de la célula, produce corriente. ¿Qué son las células?, pues las células son plantas generadoras de energía que producen una sustancia que se llama ATP, que es una sustancia química que tiene energía y producen electrones; así que básicamente tienes un cuerpo eléctrico, es un cuerpo que produce electricidad. De hecho si tú no crees que tu cuerpo produce electricidad, date un codazo, para que veas el cantazo eléctrico que te va a dar, no falla. O sea que todo corre por electricidad en el cuerpo, y el sistema nervioso funciona enviando electrones. Entonces, ¿Qué pasa?, esto que es conexión a tierra, en inglés le llaman grounding, grounding o earthing, de conectarse a la tierra.

La conexión a la tierra, lo que es, es que se ha descubierto en estudios clínicos, que al tú poner los pies y conectarte a la tierra, estamos hablando de conectarte a la tierra, no estamos de con medias ni nada de eso; sino conectarse a la tierra; o si estar descalzos, te pones en la tierra, te pones en la grama, te pones en la arena en la playa y todo esto tiene un efecto que se ha podido medir, donde básicamente estos electrones empiezan a subir a través del cuerpo y balancean, pero lo que balancean es cualquier condición de inflamación, una condición de inflamación es una condición donde van a ver muchos más protones, que es carga positiva, que electrones que son negativos. Entonces que cuando esto se desbalancea, cuando hay inflamación, van a ver también, cuando hay más inflamación, va haber demasiada carga positiva y no suficiente carga negativa de la que viene de la tierra que es la que balancea. Las bacterias, por ejemplo, en el cuerpo, como las partes del sistema inmune; los glóbulos blancos atacan a los virus y atacan a los virus disparándoles protones, pero cuando hay muchos protones, demasiados protones siendo producidos por el sistema inmune, la persona empieza a tener inflamación; así que básicamente cuando suben los electrones, la persona se conecta a tierra, esos electrones completan con los protones y deja de haber inflamación y lo que se ha visto es que se reduce el cortisol, se reduce el cortisol y mejora dramáticamente el grounding, el conectarse a tierra, mejora mucho la viscosidad, la viscosidad de la sangre. O sea la sangre de una persona, cargada positivamente, la sangre, con muchos protones, es una sangre que se aglutina, es una sangre que se coagula y tienen muchas personas con problemas de anticoagulantes ¿no? pero básicamente la práctica de uno conectarse a tierra, no con zapatos, sino descalzo y demás, pues ya se ha visto que reduce la inflamación, mejora hasta la variabilidad del ritmo del corazón, esto son cosas que se han comprobado, bajan los niveles de cortisol y también mejora la calidad de sueño; o sea que muchas personas que no duermen bien y lo que necesitaría es como caminar un rato, puede inclusive ser sobre cemento; siempre y cuando ese cemento este un poquito mojado, un poquito húmedo, para que haya conductividad. Así que ya caminar descalzo sobre la tierra, sobre la grama, sobre la arena, sobre el cemento mojado, todo eso va causar un efecto de subida de electrones, que empieza a bajar la inflamación, bajar el cortisol, reducir la viscosidad de la sangre y ayuda mucho al músculo del corazón. Básicamente es lo que se ha visto de estos estudios y yo se los comparto pues, porque la verdad siempre triunfa.

23.-LA SANGRE FAMILIAR

1.-Estimular bilateralmente las "ventanitas de los ojos" (según los chinos), es decir, los puntos enegéticos que están en los laterales de la nuca (parte occipital del cráneo) que estimulan la visión interior y es muy relajante su estimulación. Estos puntos se detectan como una hendidura en la base de cada lateral del cráneo. Mientras el consultante se da un masaje ahí con sus pulgares, el facilitador le puede narrar la importancia de la sangre familiar, quizá a través de visualizar que la sangre fluye a través del árbol familiar y sus raíces y ramas, o que la sangre contiene el adn con todo lo que los ancestros nos han heredado.

2.-La estimulación de las «ventanitas de los ojos», que por cierto se hacen en la Técnica TAT (Acupresión de Tapas) y en Access Bars cuando se coloca una mano atrás, también se puede combinar si simultáneamente también se estimulan las orejas, recordando que en las orejas hay bastantes puntos energéticos.

3.-Que el consultante escuche el fluido de la sangre a través de los oídos, escuchará como un «oleaje» o el «fluir de agua», se le puede decir que es como un río que corre por su cuerpo, que lleva la sabiduría de sus ancestros, lleva raíces, hojas, ramas, pedazos de troncos, todo del árbol familiar al que pertenece.

24.-«NO RECUERDO»

Nick Ortner comenta sobre cuando la gente dice: "No recuerdo»: He aprendido que algunas veces tienes que ser creativo al abordar esas situaciones.

Le pedí (a la consultante) que hiciera un dibujo de sí misma y marcara los puntos de su cuerpo que la incomodaban. Esto fue pura intuición; quizá estaba tratando de llegar a su niña interna haciendo que dibujara. Cuando Rachel hubo marcado los puntos, le dije que los ordenara del menos al más sensible.

Empezamos a hacer tapping con el menos sensible y más fácil de decir en voz alta: "Aun cuando no quiero ser tocada en los brazos, me acepto completa y absolutamente", y "Aun cuando entro en pánico cuando alguien me toca los brazos, elijo relajarme ahora".

Luego le dije: Busca lugares de tu cuerpo donde haya tensión, estrés o dolor, ¿Con qué emoción, suceso o creencia asocias cada lugar corporal elegido?

Le pedí visualizar que alguien le tocaba los brazos, y continuamos con el tapping hasta que pudo evocar esa imagen sin experimentar ningún sentimiento de pánico o miedo. Cuando procedimos a hacer lo mismo con cada punto de su cuerpo, dijo sentirse relajada y mucho más ligera. Entonces le pregunté si realmente quería llegar a la raíz de eso; a lo que respondió: "¡Sí!"

25.-TRASPASANDO EL ESTRÉS A UN OBJETO

Esto se aplica cuando la persona llega a su casa después de la jornada laboral, o viceversa, cuando llega a su trabajo proveniente de su casa. En ambos trayectos puede ir distraída por problemas originados en su punto de partida.

Una alternativa es que porte o cargue un objeto donde «traspase» todo su estrés, preocupaciones o emociones alteradas.

Durante el trayecto (siempre y cuando no vaya manejando un vehículo) irá traspasando a un objeto lo negativo que traiga. Puede hacer esto tocando con sus manos el objeto y concentrarse en que le «traspasa» lo negativo.

Los objetos de los que se puede valer son, por ejemplo: fruta (papa, limón, pepino, jícama, jitomate), pan (pieza casera, pastelito comercial), piedra, etcétera.

En cuanto a los objetos que porte la persona y que se tendrá que quitar al llegar a su destino serían, por ejemplo: sombrero, gorra, lentes, reloj, pulsera, colguijo, anillo, chicle, etcétera.

En el caso de quitarse un objeto del cuerpo, ayudaría tener un lugar o lugares establecidos para tal fin, por ejemplo: un perchero (para sombreros y gorras), locker (para objetos pequeños), bote de basura (para objetos orgánicos, chicles, entre otros).

7.- REFERENCIAS CONSULTADAS Y PARA SABER MÁS

1.-EXPLORACIONES, DESANUDANDO TEJIDOS Y QUEJIDOS
Libros:
-Abozzi, Paolo. "La Relajación Creativa". México: Planeta-Roca, 1997.
-Bandler, Richard y La Valle, John. "Ingeniería de la Persuasión". Ed. Kaos
-Beaulieu, Danie. "Impact Techniques for Terapists" (Técnicas de Impacto para Terapeutas). Routledge Taylor and Group, 2006.
-Champetier de Ribes, Brigitte. "Constelar la Enfermedad desde las comprensiones de Hellinger y Hamer". Ed. Alfaomega.
-McCluggage, Denise. "El Esquiador Centrado". Ed. Cuatro Vientos, 1996.
Internet:
*Terapia de Impacto:
https://bernal27.blogspot.com/2018/11/terapia-de-impacto.html
*Trabajar Psic. Las frases:
https://bernal27.blogspot.com/2017/10/trabajar-psic-las-frases.html
*Intuición:
https://bernal27.blogspot.com/2017/09/intuicion.html
*Dedos de las manos: tabla e historias:

https://bernal27.blogspot.com/2017/09/intuicion.html
***Advertencias sobre los métodos de Relajación:**
http://www.mundogestalt.com/cgi-bin/index.cgi?
action=topics&viewcat=news **(Publicado el 13/11/2003 por el autor de este libro).**
***Especial de PNL:**
https://bernal27.blogspot.com/2011/03/especial-de-pnl.html
***Entrevista a César Millán:**
https://www.youtube.com/watch?v=hSsh5kYk7TY
***Especial de Terapia Gestalt y Fritz Perls:**
https://bernal27.blogspot.com/2011/02/especial-de-terapia-
gestalt-y
fritz.html
***Respirar para emocionarse: Alba Emoting:**
https://bernal27.blogspot.com/2016/11/respirar-para-emo-
cionarse-albaemoting.html
***Autoayuda y superación personal:**
https://bernal27.blogspot.com/2017/08/autoayuda-y-super-
acionpersonal.html
***Ex asociado al cáncer:**
https://bernal27.blogspot.com/2017/08/ex-asociado-al-can-
cer.html
***Método fenomenológico:**
https://bernal27.blogspot.com/2015/02/normal-0-21-false-
false-false-es-mxx.html
***El padre y la figura paterna:**
https://bernal27.blogspot.com/2014/06/el-padre-y-la-figura-
paterna.html
***Guías psicológicas sobre enfermedades:**
https://bernal27.blogspot.com/2013/12/guias-psicologicas-
sobreenfermedades.html
***Facilitar el cuento:**
https://bernal27.blogspot.com/2016/08/facilitar-el-cuen-
to.html
***El trance después de Milton E.:**
https://bernal27.blogspot.com/2019/02/el-trance-despues-

de-milton-e.html
*Entrevista a Marshall Rosenberg:
https://www.youtube.com/watch?v=z73vxiTM_FE

2.-LA SESIÓN, EL COMBO Y EL REPORTE

Libros:
-Armendáriz, Rubén (2003) "En Busca de la Sonrisa Interior". México: Pax.
-Franke, Ursula (2014). "Cuando cierro los ojos te puedo ver". Ed. Alma Lepik.
-Pérez, Federico (1994). "El Vuelo del Ave Fénix". Ed. Pax.
-Sheehan Eelaine (1997). "Cómo Combatir la Ansiedad y el Pánico". México: Planeta-Roca.
Internet:
*La Entrevista psicológica:
https://bernal27.blogspot.com/2015/05/la-entrevista-psico-logica.html
*Joe Navarro y el cuerpo:
https://bernal27.blogspot.com/2017/08/joe-navarro-y-el-cuerpo.html
*11 ideas para Redactar Reportes psicológicos:
http://www.mundogestalt.com/cgi-bin/index.cgi?action=topics&viewcat=news (Publicado el 11/07/2003 por el autor de este libro).

3.-TERAPIAS Y ENSEÑANZAS RECIBIDAS

Libros:
Lowen, Alexander, y Alexander, Leslie. "Ejercicios de Bioenergética". Ed. Sirio.
Internet:
*Apuntes y Tips en Gestalt INTEGRO:
https://bernal27.blogspot.com/2017/01/apuntes-y-tips-en-gestalt-integro.html
*Mi formación como Psicólogo:
https://bernal27.blogspot.com/2016/10/mi-formacion-como-psicologo.html
*La Gnosis:

https://bernal27.blogspot.com/2017/08/la-gnosis.html
*Anecdotario de Charly:
https://bernal27.blogspot.com/2019/05/anecdotario-de-charly.html
*Ensayo de Titulación "La Teoría de la Personalidad de Carl Rogers":
https://bernal27.blogspot.com/2018/09/ensayo-sobre-la-teoria-depersonalidad.html
*Carpenter Domínguez, Marco (2002). La psicoterapia Gestalt, una forma de reinsertar familiar y socialmente al adicto. Artículo publicado en el sitio web de la Universidad Gestalt de América: www.mundogestalt.com
*Video reseña del Programa de Desintoxicación:
https://www.youtube.com/watch?v=fcU6QPCHmZw

4.- INTERVENCIONES INDIVIDUALES

Internet:
*Mis intervenciones en crisis:
https://bernal27.blogspot.com/2016/04/mis-intervenciones-en-crisis.html
*Trauma en Niños:
https://bernal27.blogspot.com/2018/04/trauma-en-ninos.html
*Aventuras con EFT y EMDR:
https://bernal27.blogspot.com/2012/07/aventuras-con-eft.html

5.-FACILITANDO GRUPOS

Libros:
-Naranjo, Claudio. "Gestalt de Vanguardia". Ed. Lumen.
-Muñoz Polit, Myriam. "Sensibilización Gestalt en el Trabajo Terapéutico". Ed. Pax.
-Peñarrubia, Francisco. "Círculo y Centro. El Grupo Gestáltico". Ed. La Llave.
Internet:
*La muerte no existe:

https://bernal27.blogspot.com/2014/10/la-muerte-no-existe.html
*La muerte: reflexiones y recuerdos:
https://bernal27.blogspot.com/2012/10/la-muerte-reflexiones-yrecuerdos.html
*Integración de polaridades egoicas:
https://bernal27.blogspot.com/2016/12/integracion-de-polaridadesegoicas.html
*Manual del Curso-Taller "Habilidades Básicas para el Abordaje Terapéutico de las Adicciones". Jorge Andujo, mayo 16 de 2009.
*Géneros masculino y femenino:
https://bernal27.blogspot.com/2019/03/generos-masculino-y-femenino.html
*Tratar la Violencia de Género:
https://bernal27.blogspot.com/2017/12/tratar-la-violencia-de-genero.html
*Reflexiones de un Programa integral de rehabilitación en un centro penitenciario:
https://www.researchgate.net/publication/301283625_Reflexiones_de_un_programa_integ
*Entrevista al Psicólogo William Sierra Ángel, Especialista en Modelo de Comunidad Terapéutica y Director de Fundación Hogares Claret en Medellín,
Colombia:
https://www.facebook.com/SawabonaShikobaColima/videos/1838775213093953/
*Texto de la XII Capacitación en Actualización del Método de Comunidad Terapéutica, realizado en 'Sawabona Shikoba' (Colima), por Pedro Aceves, el 8 y 9 de agosto de 2019.

6.-NUEVAS REFLEXIONES, CASOS, POSTURAS Y FIGURAS

*_Lenguaje corporal y algo más en Constelaciones Familiares:_
https://www.diariovasco.com/v/20121020/alto-urola/
hellinger-science-evolucion-constelaciones-20121020.html

https://www.gestaltsalut.com/2013/10/20/5-pinceladas-de-constelaciones-familiares/

https://martalbaladejo.com/el-lenguaje-transverbal-de-las-constelaciones-del-verbal-al-no-verbal-y-del-no-verbal-al-verbal

http://www.psicologiabarcelona.com/es/articulos/la-comunicacion-no-verbal-en-las-constelaciones

Libro:

Champentier de Ribes, Brigitte (2011). «Constelar la Enfermedad desde las comprensones de Hellinger y Hamer». España: Gaia

Breviario de 25 casos inéditos:

*Conexión a tierra: https://www.youtube.com/watch?v=dJ7QPyK9IuU

*Discurso de Steve Jobs en la Universidad de Stanford:

https://www.youtube.com/watch?v=HHkJEz_HdTg

*Libro:

Ortner, Nick (2012) «La Solución Tapping». México: Grijalbo.

*Eiriz, Ricardo (2016) «Método INTEGRA». España: Sirio.

8.- OPINIONES DE COLEGAS

"Desde hace ya un poco más de 14 años, tuve el placer de conocer al Psic. JUAN CARLOS BERNAL, quien no sólo es un terapeuta excepcional y joven inquieto que gusta de escribir con gran tino, adoc a dicho tema. Fué un placer verlo ser parte del equipo que dío inicio al exitoso programa de desintoxicación TU PUEDES VIVIR MEJOR, pionero a nivel nacional en el sistema penitenciario, por lo cual es un placer haberlo visto crecer profesional y sobre todo como una persona humanista con dedicación. Como superior jerárquico fué un gusto haber colaborado con él".
PMC JOSÉ ABEL SAUCEDO ROMERO
Ex Director General del Sistema Penitenciario de Colima y actualmente Coordinador de la licenciatura de Criminología de UNIVERSIDAD VIZCAYA COLIMA

"En los 6 años que laboré en el CERESO Manzanillo me permitió observar al Lic. Juan Carlos como un compañero respetuoso apegado a reglas, con el permanente interés de proponer e implementar acciones terapéuticas con resultados positivos que permitían al paciente avances y cambios significativos. Las intervenciones en crisis se caracterizaron por su gran interés en aplicar técnicas, procesos y conocimientos adquiridos en su trayectoria profesional. Su dedicación y profesionalismo destaca su ética que me permitía la confianza, comunicación y seguridad profesional. Lo anterior permitía transmitir los conocimientos y enriquecer el trabajo integral".
Lic. Psic. Carlos Andrés Robles de Anda
Ex Subdirector Técnico del CERESO Manzanillo en dos ocasiones.

"Es para mí un privilegio envuelto en gran honor poder hablar acerca de ti amigo mío. Te conocí en el inicio de la carrea de Psicología, desde el momento que te vi me llamaste la atención. Eras entonces una persona bastante intrigante, con antecedentes académicos "extraños" ya que venías de áreas físico matemáticas e incluso como técnico del área de químico farmacobiólogo. Fuiste para varios de nosotros, tus compañeros de carrera, un maestro en las materias que se nos dificultaban, tú siempre con ese gran altruismo y apoyo al que te solicitara ayuda; a ti siempre se te ha dado eso de compartir, y vaya que de conocimiento tienes de sobra. Mostraste una gran valentía al quererte titular no por el camino más fácil, a ti que se te daban las ciencias exactas y positivistas eso no representaba un reto, por lo que decidiste emprender tu verdadero reto al titularte con temas fenomenológicos y humanistas. Hasta le fecha sigues siendo un ser muy compartido, tratas siempre de que fluya el saber al universo entero, que todo el mundo se entere y se documente de cualquier tema que alguien considere conocimiento; siendo tan ecléctico que no discriminas entre lo "científico" y metafísico, lo esotérico y "tangible", lo espiritual de lo chamánico, lo psicológico de lo físico. Un orgullo seguir siendo tu amigo y que con el paso de los años continúes esta labor infinita de emanar tu saber en el fluir del universo... ".

Miguel Ángel Jiménez Carrasco.
Psicólogo, Empresario y Consultor Independiente en procesos del Capital Humano.
Maestría en Desarrollo Organizacional.

"Bien... Recuerdo siempre a ese joven talentoso mi compañero en la Maestría en Terapia Guestalt, excelente para redactar y para envolver el oído con opiniones a la medida de la pregunta, como quien pasa el hilo por el ojillo de la aguja, así de certero nos llevó a sorprendernos a los espectadores con sus notas a compás de sus palabras (poemas), he sido fiel seguidora de su Blog, de sus opiniones, de creo miles de libros que lee y comparte, doy gracias por tu talento mis más sinceros deseos a tu exitosa carrera.. Juan Carlos muchas gracias..."

Mireya Mares Roldán
Doctorado en Terapia Guestalt y Médico

"Juan Carlos, un buscador de paradigmas para acercarse a la compleja condición humana. Una persona dispuesta a acompañar la otredad para profundizar en los misterios de la vida".

Bryant Scott Álvarez
Psicoterapeuta Gestalt y Practicante de Tai Chi
Ex psicólogo en 2 Centros penitenciarios del estado de Colima

"Coincidí con Juan Carlos hace ya más de 19 años, la impresión que me generó en ese entonces fue la de un gran inquisidor un insistente deductivo. Nos volvimos a encontrar 6 años después, en el entrenamiento como terapeutas Gestalt en Guadalajara, fue un compañero muy apoyador, solidario, observador, prudente, silencioso, con el tiempo observé desplegarse en él un ser humano sensible, relajado, agudo, audaz y alegre. De las personas que sabes que conoce mucho más de lo que dice, siempre tomando notas muy discreto y disciplinado. Con el tiempo el entrenamiento concluyó y pude compartir un espacio laboral, de forma intermitente durante un lapso de 11 años, en un Centro de Reinserción Social; ahí mi experiencia ahí fue muy grata y aleccionadora ya que fungió como guía muy respetuoso de mis capacidades, necesidades y temores, ahora que lo recuerdo, me parece que su presencia fue constante, aún en la distancia, ni muy directivo ni ausente, fue más bien, y de alguna manera lo sigue siendo, la figura de alguien que instruye, acompaña y deja crecer, creyendo siempre en que tú puedes hacerlo. Eso es un arte porque da la impresión de que acompaña desde el no saber-sabiendo. Ahí en el espacio laboral aprecié su capacidad de sistematización de un servicio, de inicio a fin, terapéutico; constantemente en la búsqueda de integrar nuevos elementos y formas de perfeccionar la puesta en práctica de sus conocimientos. Sabedor de procesos pues atestigüé que con el paso del tiempo simplificaba sus instrumentos guía para la atención psicoterapéutica y psicológica, eso lo da la madurez integrada con la basta teoría y destreza en la práctica. Lo vi integrando diferentes enfoques y modelos, provenientes de las diferentes fuerzas de la psicología, apropiarse de distintos aportes para impregnarle de su estilo particular de relacionarlos, él lo refiere cuando comenta que no hace terapia a lo Perls o a lo Hellinger o de algún otro autor, creo que sigue su visión particular y ahí lo integra. Aquella primera impresión se consolidó de una forma muy particular, él mismo ha referido que la Gestalt le ayudó muchísimo, y yo creo que sí, el flujo de su experiencia le ha llevado a consolidar una calidez humana que se percibe y alienta a buscar la propia. Finalmente, quiero compartir que admiro su incansable producción de artículos en las muy variadas facetas y campos de su interés; además de su generosidad en compartir la basta cantidad de materiales que logra encontrar y poner al servicio de los que, como él, también nos interesa la continuidad en la formación personal y profesional de forma autodidacta, para esto último también es un excelente ejemplo. Su presencia continua siendo como lo describí, ahora veo que figura como un hermano mayor que acompaña sin pretensiones ni aleccionamientos, dejando ser, conservando cierta distancia, presente y cercano, al alcance siempre, invita a corresponder la amistad con el mismo compas y movimiento. Gracias Juan Carlos, Charly, aprecio tu testimonio de vida, va un buen abrazo".

Oscar Cobián Villalobos.
Psicoterapeuta Gestalt y Psicólogo
Psicoterapeuta en medios penitenciarios y educativos

"Juan Carlos Martínez Bernal, compañero laboral desde 2004 y amigo, profesionista sensible ordenado, psicólogo dedicado y esmerado en su quehacer profesional, agradezco la capacidad que tiene para compartir sus aprendizajes buscando mejorar o perfeccionar técnicas de investigación como de intervención. Agradezco que durante la mancuerna que hicimos en la atención a personas privadas de su libertad decidiera compartir algunas técnicas como fueron el EMDR y su creatividad para sumarla e integrarla con otros herramientas terapéuticas, lo que hizo que fuera una aventura constante, acompañada siempre del deseo de poder acompañar a quien necesita. Su estilo poético, ordenado, estructurado, perseverante y compartido lo que hace de su quehacer profesional distinto a otros colegas. Y su humildad y su disponibilidad lo que hace de él un gran amigo. Espero eso explique un poco de lo mucho que tú has aportado tanto en las más de 13 años de compartir psicoeducación, intervención terapéutica, evaluación y seguimiento tanto en individual como en lo grupal. Al incansable investigador y al maravilloso maestro. Gracias".

Ruth Díaz Alcalá
Psicoterapeuta Gestalt y Psicóloga
Psicoterapeuta en los CERESOs de Manzanillo y Colima

9.-
AGRADECIMIENTOS

A Dios, por permitirme canalizar esta creación
y compartirla en este mundo.
A mi padre, madre y hermanas, por compartirme sus dones y
sistema en este planeta.
A mi hermana y hermano que no sobrevivieron,
y a la hermana mayor que no conozco.
A mi esposa Brenda y nuestra familia: Jiennie, Aura y Max.
A mis maestros, de todos los niveles de escolaridad.
y a los que me enseñaron desde un libro,
audio, video, conferencia o curso.
A los amigos y compañeros de todos los grados de escuelas.
A los colegas y contactos de mis redes sociales.
A los que se atrevieron a leer e inspirarse con este libro.

10.- ACERCA DEL AUTOR

Juan Carlos Martínez Bernal (Colima, México, 13-03-1973). Psicólogo (Licenciatura de 5 años en Universidad de Colima), Terapeuta Gestalt (Maestría en Instituto de Terapia Guestalt Región Occidente INTEGRO Colima 2, 2005-2008, con estudios inconclusos), Diplomado en Constelaciones Familiares (Universidad de Colima-Centro de Soluciones Sistémicas Vinculum Cor S.C. 2007-2008). Además de asistir a conferencias y cursos, junto con el estudio de videos y libros en el aprendizaje autodidacta de elementos de diversas técnicas y enfoques, como Gestalt, EMDR, EFT, Terapias de Energía, PNL, Violencia de Género, Farmacodependencia, y otros más.

La experiencia laboral ha sido desarrollada principalmente en el Centro de Investigación y Seguridad Nacional (CISEN, Secretaría de Gobernación de México); y en el Centro de Reinserción Social (CERESO) de Manzanillo, Colima, México. También, como practicante/voluntario en Centros de Integración Juvenil (CIJ) contra la farmacodependencia; Orientación Vocacional en Universidad de Colima; Docencia en una universidad privada y en 3 Colegios privados.

Activo participante en algunas redes sociales: Twitter (_BERNAL27). Facebook (Juan Carlos Martínez Bernal). Youtube (BERNAL27). Hotmail (BERNAL27000).

Escritor de multitud de artículos divulgativos sobre temas psicológicos y terapéuticos, en webs como www.Mundogestalt.com (2003-2009), y más de 110 posts en Blogger, de 2010 a la fecha (https://bernal27.blogspot.com).

Autor de otros **11** libros independientes publicados en Amazon:

"1000 TUITS DE BERNAL27", (julio 2019)

"EXÁMENES DE CONTROL Y CONFIANZA. VERDADES Y MENTIRAS", (julio 2019)

"65 POEMAS ERÓTICOS, AMOROSOS Y DE RUPTURAS", (julio 2019)

"SIN CUENTA EXPERIENCIAS TERAPÉUTICAS"

(Primera edición: agosto de 2019)

"TÉCNICAS ENERGÉTICAS Y DE INTEGRACIÓN CEREBRAL",

Primera edición: agosto de 2019.

Segunda edición: enero de 2020.

«OTRAS 50 EXPERIENCIAS TERAPÉUTICAS», (septiembre 2019)

"100 INVESTIGACIONES DE EMDR, EFT, CF, PNL Y MÁS", (noviembre 2019)

«MÁS DE 100 ANÉCDOTAS DE BERNAL27», (noviembre 2019)

«POEMAS INSPIRADOS Y ESPIRADOS», (diciembre 2019)

«100 SEMILLAS PARA TI, COLEGA PSICÓLOGO», (enero 2020)

«COMENTANDO LECTURAS TERAPÉUTICAS», (enero 2020)

Fuente: https://bernal27.blogspot.com/search?q=mis+obras
Detalles y ranking de mis libros publicados:
https://bernal27.blogspot.com/2019/07/mi-primer-libro-la-venta.html

Aquí en las tiendas mundiales de Amazon puedes ver y adquirir todos mis libros:

***México:**
https://www.amazon.com.mx/s?k=juan+carlos+martinez+bernal&__mk_es_MX=%C3%85M%C3%85%C5%BD%C3%95%C3%91&ref=nb_sb_noss

***España:**
https://www.amazon.es/s?k=juan+carlos+martinez+bernal&__mk_es_ES=%C3%85M%C3%85%C5%BD%C3%95%C3%91&ref=nb_sb_noss_2

***Estados Unidos:**
https://www.amazon.com/s?k=juan+carlos+martinez+bernal&ref=nb_sb_noss

***Brasil:**
https://www.amazon.com.br/s?k=juan+carlos+martinez+bernal&__mk_pt_BR=%C3%85M%C3%85%C5%BD%C3%95%C3%91&ref=nb_sb_noss

***Alemania:**
https://www.amazon.de/s?k=juan+carlos+martinez+bernal&__mk_de_DE=%C3%85M%C3%85%C5%BD%C3%95%C3%91&ref=nb_sb_noss

***Holanda (Países Bajos):**
https://www.amazon.nl/s?k=juan+carlos+martinez+bernal&__mk_nl_NL=%C3%85M%C3%85%C5%BD%C3%95%C3%91&ref=nb_sb_noss

***India:**
https://www.amazon.in/s?k=martinez+bernal&ref=nb_sb_
noss

***Japón:**
https://www.amazon.co.jp/s?k=juan+carlos+martinez
+bernal&__mk_ja_JP=%E3%82%AB%E3%82%BF
%E3%82%AB%E3%83%8A&ref=nb_sb_noss

***Reino Unido:**
https://www.amazon.co.uk/s?k=juan+carlos+martinez+ber-
nal&ref=nb_sb_noss

***Francia:**
https://www.amazon.fr/s?k=juan+carlos+martinez
+bernal&__mk_fr_FR=%C3%85M%C3%85%C5%BD
%C3%95%C3%91&ref=nb_sb_noss

***Italia:**
https://www.amazon.it/s?k=juan+carlos+martinez
+bernal&__mk_it_IT=%C3%85M%C3%85%C5%BD
%C3%95%C3%91&ref=nb_sb_noss

***Canadá:**
https://www.amazon.ca/s?k=juan+carlos+martinez
+bernal&ref=nb_sb_noss

***Australia:**
https://www.amazon.com.au/s?k=juan+carlos+martinez+ber-
nal&ref=nb_sb_noss

***Página del autor** en Amazon Estados Unidos:
https://www.amazon.com/JUAN-CARLOS-MART
%C3%8DNEZ-BERNAL/e/B07Y7271LJ